I0711956

Coordenadas al Corazón

BÓVEDA Y LETRAS
EDICIONES

https://manuponce88.wordpress.com

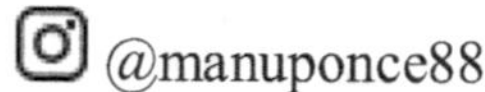
@manuponce88

Dedicado a todos los que dejaron una huella en mi vida y me bendijeron de un modo u otro.

Dedicado a todos los que creyeron en mi antes que yo mismo.

En especial quiero a todos aquellos que se sienten rotos y necesitan direccionar sus corazones. A aquellos amigos que son como hermanos en tiempos de angustia.

A esas personas que me animaron a seguir adelante.

A ti que me lees, al aire, a la luna.

Al tiempo; y por supuesto a Dios.

He visto morir la luz del día fundiéndose con el abismo del recuerdo.
He visto las olas del mar consolar a la oscuridad.
He visto como llegaste y he visto como tú te vas.

Amor, ahora tengo una misión.
Hablar con la zarza ardiendo, mientras describo ese dolor.
Solos Él y yo...

Siempre a las 23:02 se cierra el telón de la pantomima de mi vida.
Siempre a las 23:02 Dios me marca las coordenadas para consolar y dar visión a mi roto corazón.

"Manuel Ponce"

COORDENADAS AL CORAZÓN

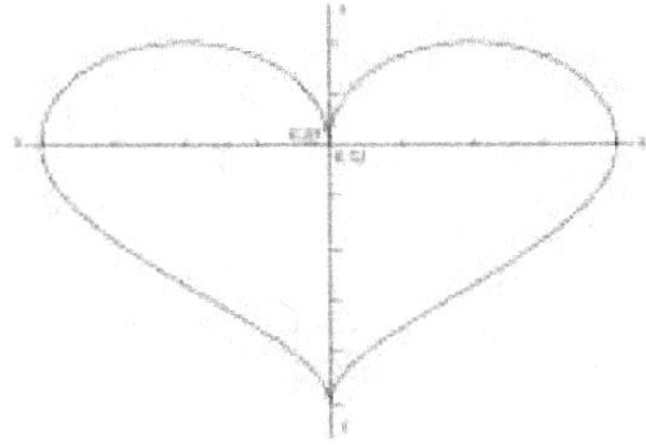

MANUEL PONCE BARRONES

ÍNDICE

PRÓLOGO..13

AFÁN..15

AUSENCIAS..17

NUNCA JAMAS...18

LA CÁRCEL...19

RUEDA, ROJA RUEDA...............................20

MIRADAS..21

SEÑORITA..23

LA CUNA DEL IMSOMNIO.........................24

DONDE DESCANSAN LAS MUSAS.............25

ALGECIRAS..27

EL LIRIO DEL DESIERTO..........................29

RELENTE..32

JUGANDO AL OLVIDAR.............................33

YO SOY 1/3...35

MADRE...37

SANIDAD Y DESVELOS.............................38

LA TERCERA ESTACIÓN...........................40

LUNA...41

ANCIANA AURORA...................................42

COLECCIONISTA DE MEMORIAS..............43

TRES FAROLES..45

LA LLAMA...46

MANTILLA NEGRA....................................47

LLUVIA AMARGA......................................48

ROMANCES QUE DUELEN........................49

YO SOY 2/3...50

LA HOGUERA DEL FRACASO....................52

LIENZO CALÉ..53

VENEZUELA...55

GUERRERO EN EL CAMINO......................57

ARTE..58

LÚGUBRE POESIA A LA NOCHE................60

LA PALABRA..62

CANELA, LIRIOS Y NARDOS.....................63

EL DIARIO Y LA ROSA...65

POR ÚLTIMA VEZ...66

UNA ACEITUNA LLORA..67

CABALLO TORDO..69

SOLEDAD...71

PÁ TUS OJOS VERDES...73

FANTASMAS...74

PÉTALOS DE SANGRE..76

LA CONQUISTA..78

YO SOY 3/3..79

EL AQUIMISTA DEL TIEMPO..81

VOCES...83

EL VUELO DEL PAJARO VERDE..84

BUSCANDO TU MIRADA...85

EL VIAJE..87

EL OTOÑO Y LA ROSA...89

LA PLUMA Y EL TINTERO..90

EL ARTE Y LAS MODAS..91

MEMORIAS DE UN VIEJO PIANO.......................................94

FLAMENCO..95

LA MENTIRA DE LOS SUEÑOS...97

CASTÍGAME CON TU FALSO AMOR......................................98

AMANTES..100

EL NIÑO Y LA NIÑA..101

LA ZARZA QUE ARDE EN EL DESIERTO................................102

POETA DEFECTUOSO...104

BAILANDO BAJO LA LUNA..105

ELLA...107

CAMPO DE BATALLA...108

BATALLA..109

MUERTE, YO SERÉ TU MIERTE..110

CIERTO, HUI DE TI..113

LA HABITACIÓN 023..116

DÍGANLE AL MAR...121

EL TIEMPO QUE NO QUISIMOS..123

COORDENADAS AL CORAZÓN "23:02"...................................132

AGRADECIMIENTOS..141

PRÓLOGO

DESDE LOS CUATRO PUNTOS CARDINALES DEL ALMA

Cuando me encuentro ante un poema de Manuel Ponce Barrones me asalta una emoción que me embarga poderosamente y que percibo claramente que su poesía viene insuflada desde los cuatro puntos cardinales de su alma henchida de gozo y de pasión y que sus versos han pasado luego por el tamiz de un corazón preñado de vigor y de ilusión.

La poética de Ponce es simplemente y llanamente verter al papel todas las emociones que te proporcionan esta vida complicada y difícil pero que también tiene momentos impagables de gozo y de disfrute cuando sabes buscar la belleza allá donde se esconda, la Cultura en todas sus manifestaciones, el amor y a un Dios que él siente cercano y cómplice y al que se entrega en cuerpo y alma.

Acomete el poema como si se tratara de un acto de fe: con energías renovadas y sin mesura, expresando todos los sentimientos que afloran a la mente de una manera vehemente y rotunda, sincera y certera, buscando la complicidad del lector, aunque corra el peligro de que este no comparta sus planteamientos, sus creencias o sus opiniones.

Es por tanto esta su ópera prima *Coordenadas al corazón* un poemario intenso y vitalista que, además se sumerge en los sueños y las esperanzas del autor y que con una gran dosis de optimismo, que en gran parte le viene de su fe religiosa, afronta todas los asuntos capitales de la existencia humana siempre con una visión positivista y entusiasta. Sus poemas no están envueltos en papel de regalo ni en ese elegante papel *couché* sino que están desnudos de adornos gratuitos y de complicados recursos literarios. Es poesía de la experiencia, que surge de los nervios, de los órganos vitales, de un alma que él siente a flor de piel, acariciando el cuerpo con sus alas brillantes.

Así que démosle la bienvenida a esta nueva voz poética que irrumpe con autenticidad y fuerza, con un espíritu inasequible al desaliento y con la energía arrebatadora de perpetuarse entre los poetas de nuestra comarca campogibraltareña y aportar su aliento y su latido.

Y es que Manuel Ponce Barrones no solo es un creador de nivel sino un agitador cultural de primera magnitud en nuestra comarca que no solo se mueve en el ámbito de la poesía sino en el del cine y que se suma a todo acto solidario, cultural, artístico y humanista que se organice en nuestro entorno.

Gracias, Manu, te necesitamos. No claudiques nunca.

Juan Emilio Ríos Vera

AFÁN

Ancianito desaliñado
que camina de perfil.
Su bastón desquebrajado
el cual sostiene su cerviz.

Cigarrito descabezado,
anaranjada su nariz.
Es su rostro arrugado,
un viejo cuadro de tapiz.

Mirada perdida que penetra,
Mientras sujeta fuertemente su bastón.
Afanes de la vida entre muletas,
Con una rosa y un adiós.

Ley de vida que perpetra,
Y se interpreta en traición.
La vida le quitaba la riqueza
y también su posición.

Afanes son las simplezas,
Afán es la posesión.
La vida te daba nada;
nada más que más dolor.
Afán de la vida lo es todo,
excepto el gran amor de Dios.

Cuando una caricia se convierte en nada.
Cuando una llamada suena a despertador.
Cuando ya no son tan frías las mañanas.
Cuando te despiertas sin el cálido sol.

Entonces tú dirás:
¿Dónde mi llamada?
¿Dónde mi ilusión?
No conozco madrugada.
No encuentro mi reloj.
Pues la vida te acariciaba.
Y tú girando detrás del sol.

(Dedicado a todos los que oímos la persecución del "tic tac" del tiempo)

AUSENCIAS

El cielo se viste de seda.
Cian vestido que admiro.
La noche es luto para los que sueñan.
Manto de paz ennegrecido.

El cielo se viste de seda.
Bordado de estrellas, con el color del lirio.
La noche muere con el ámbar que espera
Un nuevo día más colorido.

Hoy la luna se pinta tenue.
Una brisa despierta el cielo.
Hoy la luna se pinta tenue.
Diciéndote ya no te quiero.

Hoy la luna se pinta tenue.
Delatador sigilo entre el crepúsculo y la aurora.

Hoy la luna se pinta tenue
Porque ha muerto mi salvadora.

(Para todas ellas que ya no están aquí)

NUNCA JAMÁS

Toda una sociedad enmudecida; conformistas por
ofertas.
Y nosotros somos niños que duermen, noche tras noche
con la ventana abierta.

Todos se conforman con residuos, de una economía
suculenta.
Y nosotros adheridos, a esa estrella que nos inquieta.

Todos somos mimos, de un circo entre rejas.
Pero nosotros no nos reímos, con ese cuento que nos
cuentan.

Todos los que crecieron, envejecieron tras la puerta.
Muchos recriminan, que no haya perdido la inocencia.

No todos han vivido, son esclavos de la conciencia.
Pero tú y yo siempre seremos, niños perdidos, en busca;
De la segunda estrella a la derecha.

LA CÁRCEL

Veneno de alacranes.
Ella en una oscura playa.
Llorando una pena a canales.
Esperando que llegue el alba.

Sonaba una guitarra mora y pura,
Que hasta la luna cedió.
Guitarra de danza oscura,
Ya que su vientre me incitó.

La luna cuenta a la playa.
Diciendo de *madrugá*.
Viste la pena canalla
y de luto; su boca calla.

Camina en soledad...

Dejadla que venga y vaya
Qué pena, que pena...
La mora, con su abaya.

(Para ti mujer, que solo quieres ser libre)

RUEDA, ROJA RUEDA

Mestizaje de la india.
Errante pueblo que llaman vagos.
Con poco equipaje va mi niña.
Niña de piel café, y pies descalzos.

Amante que me miras.
Cantando a otro pueblo que vamos.
A ver si me acoge su merced.
A ver si me reciben sus labios.

Mestizaje de la india.
Roja sangre y sin zapatos.
Mestizaje de la india.
Allá va mi niña, montada en su carro.

Rueda roja rueda,
rueda al son de mi caballo.
Mestizaje de la india,
brinda niña que nos vamos,

En esta carreta unida,
donde el sol todos miramos.
Vamos allá donde admiren nuestro duende.

El duende de la rueda roja.

Roja; Roja...

Como sangre los gitanos.

MIRADAS

Turquesa es el mar.
Azul es el cielo.
Verde es la selva salvaje
de tus ojos donde me pierdo.

Princesa en mi soñar.
De piedra es tu reino.
Las olas peinan el mar.
Y tú me matas en silencio.

Ojos verdes que hablan.
Ojos verdes que te quiero;
sacais primaverales,
clorofila por mi cuerpo.

Mirada delatante.
Ojos verdes que no puedo,
deshojar ese verde floreciente,
Ni la rosa de tu pelo.

Penetra intensamente.
Tu mirada despampanante.
Ojos verdes elegantes
mueren por un beso.

Beso que queda en sueño,
Beso que parte en ilusión.
Adiós digo a tus ojos verdes
pues se alejó con un adiós.

Adiós dicen tus ojos.
Y los míos tuyos son.
Verde tu destello,
sobre mi iris color marrón.

Tu mirada insinuante
dice algo extraño sobre el amor.
Hablan en otro lenguaje,
son ausencia de calor.

Tu mirada se volvió impertinente,
Pues fríos también son.
Aléjate de esos ojos que venden,
ilusión al corazón.

Pues se regalan como el mar que vio a la luna,
y su reflejo se llevó.
El tiempo solo es tiempo.
Tus ojos solo son.

Campanas que suenan,
Campanas...

Campanitas por amor.

Almas que navegan errantes
Amores piratas.
Miradas de ojos verdes,
Campanitas de plata.

Almas que navegan;
Amores piratas.
Palmaditas y besos.
Mentiras que matan.

*(A ti mentirosa; ruidosa cascabel de hojalata, falsa, desechable
y embustera)*

SEÑORITA

Señorita, señorita,
Que traes flores de duelo.
Escondes una cruel sonrisa
Por debajo del pañuelo.

Señorita, señorita,
Tan amante del dinero.
Es por ello que tu boquita,
Aprendió a decir te quiero.

Señorita, señorita,
Le devuelvo esto del suelo.
Son palabras muy bonitas
Que yo guardo en mi tintero.

Señorita, señorita,
Traidora sin consuelo.
Falso luto tú vestías,
Y yo enterrado bajo el suelo.

Señorita, señorita,
"Si me dejas yo me muero".
Eso es lo que decías
Y soy yo quien está en el cielo.

LA CUNA DEL INSOMNIO

Mi cama hoy huele a insomnio.
La tuya huele a amigos.
En mi cama duerme el demonio.
Y en la tuya el olvido.

Mis espejos reflejan odio.
Los tuyos cuanto has crecido.
Tus juguetes ya no divierten.
Por eso no me has querido.

Mi cama hoy huele a insomnio.
Y mi fuente está tan seca.
Tus labios están tan húmedos.
Se perfuman con almendras.

Hoy mi cama huele a insomnio
La tuya solo a olvido.
Hoy acabo mi cameo
En tu circo favorito.

Ya no me escribas sobre amores
Y cántame aquel soneto.
Como yo te escribo y canto,
De corazón *to* mis secretos.

Lánzate a mis brazos
libérame de aquel demonio.
Que llena mi cama de angustia
y descansa, en la cuna del insomnio.

DONDE DESCANSAN LAS MUSAS

No eres una; eres parte de muchas.
Eres una pieza de virtud en la constelación de mis
estrellas ruidosas a la vez que taciturnas.

Eres una pantomima.
Una mentira de mi ilusión.
Mitad deseo y mitad realidad.
Eres pura ficción.

Eres metáfora de mi delirio apasionado.
Eres lo que eres, y en mi mente tú descansas.
No existes pero te sueño, te creo, y a veces hasta te
idolatro en mis fantasías de poeta loco he inquieto.

Normalmente te escribo porque te sueño.
Despiertas en mí esa necesidad de hacer poesía, de la
cual no soy amo ni dueño.

De ti depende si mantengo lleno o vacío mi tintero.
De ti dependen mis horas, mis necesidades.
Nunca un te quiero, dijo tantas necedades.

Que incluso sigo añadiendo versos y versos.
Verbos y verbos.

Si, fue eso...
Lo que me hizo sostener todo el peso.
Tu fragancia, tú pelo, incluso tu espejo.
Sí; todo eso me enceló.

¿Acaso te idolatro en esos sueños donde te busco para
que vengas conmigo?
Tal vez mi Dios me aborrezca al no sentirse ni dueño ni
amigo de este seguidor tuyo.
Egoísta y loco por un amor que no es reciproco.
Eres el nuevo Baal de mis mañanas.

Usurpas el altar de adoración en mis madrugadas de luz
temprana.

¿Soñare siempre contigo? ¿O morirás al salir el alba?

Si es así cariño mío; No te daré más escusas.
Bienvenida al lio de mi mente confusa.
Donde recuerdo como nos separamos y sueño con que
nada ha pasado.

Pero te digo que hoy no te daré más escusas.
Bienvenida a esa parte de mí mente.
Donde descansan las musas.

*(Dedicado a mis musas. A la locura de la pasión, a esa hoguera
donde arde el recuerdo y descansan todas ellas)*

ALGECIRAS

En Europa hay una esquina.
Que es orgullo de España.
La llamaron la bahía.
Algeciras de mis entrañas.

Ya lo decía nuestro hermano.
Hermano del alma mía.
Don José Luis Cano,
Poeta de Andalucía.

Niños torean y doman,
En la plaza unos novillos.
Cántale al alba que asoma,
Por las aguas de rinconcillo.

Nostálgico peñón,
Hermoso desde mi saladillo.
Barriada de los pastores
Iglesia de San Isidro.

Barrio de la caridad,
Barrio de sueño y cuna.
Canta con las campanas
Desde la Palma hasta la luna.

Pescadores y su embarcadero.
La Juliana y san García.
Balbuceo que adoraba,
Y adornas a Andalucía.

Rio de la miel,
Barrio de la bajadilla.
Fluye magia, fluyen ríos,
Fluye la gracia de los artistas.

Algeciras la pérdida,
La incendiada y olvidada.
Paso de la morería,
Fue romana y musulmana.

De nuevo te reconquistaría,
Para que seas siempre cristiana.
Algeciras de mi vida,
Belleza gaditana.

EL LIRIO DEL DESIERTO

Vanidad de vanidades.
Excepto tus ojos.
Esa mirada intensa que parece ser el espejo donde Dios
me dice:
"Te amo".

Vanidad de vanidades.
Cuando te alejas.
Cuando reclamo.
Cuando sonríes.
Cuando te extraño.

Todo es vanidad si no te tengo a mi lado.

¿Que merezco?
Dice una voz en mi interior pero en silencio...

¿Que merezco?
Si no soy capaz de caminar sobre las aguas.
Si no clamé para que se abrieran los mares.
Si no me formó en su fragua.
Si no le canto aquellos cantares...

¿Que merezco?
Si aún no entendí que eres mi promesa y debo alcanzarte
buscando un no sé qué de un reino, para hallar mi
princesa.

¿Que merezco?
Dalila de mi traición, decido siempre perdonarte.
Ya cortes eternamente mi pelo; quede ciego, siempre voy
amarte.

¿Que merezco?
Si catorce años de trabajo son poco para merecerte.
Tu cervatilla mía, gacela de mis amores.

Gracias doy a Dios por encontrar la más hermosa
casualidad.
Menos tus besos, todo es vanidad.

Brasas de fuego, fraguan el amor.
Los celos son fuertes; Como la muerte, como el *seol*.

El amor mío, No lo apagaran ni los mares, ni los ríos.
Muere antes tu "Yo".
Para nacer de nuevo conmigo.

¿Qué mereces?
Si no cruzaste el Jordán sin la ropa mojarte.
Si no venciste a Goliat, y a tu autoridad respetaste.

¿Qué mereces?
Si con fuego no venciste a Baal.
Si no subiste a la montaña, ni saliste de la cueva de
adulám.

¿Qué mereces?
Me dijo tantas veces...

¿Qué reclamas y crees que mereces?
Si aún no sabes lo que es amar.

Hoy que vencí a mis gigantes.
Y en Dios confiar,
Puedo contarte que yo estuve allí delante.
Y vi abrirse ese mar.

Hoy con los pies abrasados del desierto
Y gracias a Dios nada mas.
Puedo contarte que esa tierra prometida,
la pudimos alcanzar.

Hoy que perdone y sane toda herida,
Por en Dios confiar...
Puedo contarte como me dio la cruz,

Fuerza y libertad.

Pues a su lado aprendí amarte,
y no;
al amor,
no lo llamen vanidad.

**(Para los que necesitamos abrir el libro del amor antes de
tomar la decisión de amar)**

RELENTE

Del relente de la noche tú te habías empapado.
Tus zarcillos en su cama te habías olvidado.
El relente en su coche era sudor con vaho.
Vuestros labios y vuestras manos eran testigos de un
engaño.

Sonreías y lo mirabas.
Jugando a los enamorados.
Me querías y me tirabas.
Me tenías *engañado*.

Del relente de la noche tienes el pelito *mojado*.
Ahora juegas a conocer gente y yo al sucio *abandonado*.

Del relente de la noche tienes el pelito *mojado*.
De repente paró el relente, y supe, que tu habías *llorado*.

(Basado en letras ya escritas sobre otras pieles)

JUGANDO A OLVIDAR

Ya duele menos.
Ahora menos aun.
Ya casi nada.
Aun duele.
Ya menos todavía.
Ya no duele.

Ahora vuelve a doler.
Ya recuerdo menos.
Aún recuerdo algo.
Ya casi ni recuerdo.
Ya casi te olvido.
Ya te estoy olvidando.
Ya te olvide.

Ahora te soñé.
Ya la hemos liado...

Ya te recuerdo de nuevo.
Ya te extraño algo.
Ya te vuelvo a soñar.
Ya me duele haber soñado.
Ahora volver a empezar...

Ya te extraño más que nunca.
Ya que casi te soltaba,
Te volví a soñar.
Ahora duele tanto,
Ahora duele más.

Ahora recuerdo ese canto.
Que me hizo un día bailar.
Recuerdo ese encanto
Que tanto debí borrar.

Ahora que me duele,
Ya que te recuerdo,
Ahora que no te volví a soñar;
Sueña tú también conmigo.
Al cariñoso juego de olvidar.

*(Dedicado a ese silencioso juego de azar donde gana el primero
en olvidar)*

YO SOY

Entrégame tu vida.
Entrégame tu voz.
Yo vengo a levantarte.
Y a curar tu corazón.

Yo soy el rey de reyes.
No me busques en el seol.
Unos me buscan en las nubes.
Tampoco me busques en el sol.

YO SOY.
El que de los cielos descendió

Entrégame tu vida.
Entrégame tu voz.
Yo vengo a levantarte.
Y a curar tu corazón.

Yo soy el verbo.
En su total conjugación.
Yo soy el rey de reyes.
Entre señores el Señor.

Unos me buscan en las nubes.
Otros oyen al fin mi voz.
Yo soy el gran yo soy
El primero que te amo.

Yo soy...

El que te peina el pelo.
Al que llaman Dios.
El que por ti me celo.
Y el que nunca te falló.

Al que siempre tú probaste,
Quien jamás te defraudo.

Entiende hijo mío.
Que tus caminos míos no son.
Que yo quiero caminar contigo.
Pero más sin ti no.

MADRE

Madre que das la vida.
Madre que das a luz.
Trabajadora con gallardía.
Mi fiel amiga, siempre eres tú.

Me das abrazos de amor.
Palabras de cariño y consuelo.
Te ganas con tu corazón,
Todos los tesoros, que tiene el cielo.

Grande la madre coraje.
Madres de terciopelo y hierro.
No hay nada más admirable,
Que la madre que pudo decir no; más quiso serlo.

SANIDAD Y DESVELOS

El susurro del aire meciendo la luz de una vela.
El vaivén y las sombras.
Mis deseos...

Un espero una llamada.
Un frio mensaje de texto.
Un adiós, un desvelo;
Cualquier "te quiero".

Una mentira y dos lágrimas.
Una por cada ojo en los que un día te reflejaste
como Narciso en el lago admirando tu propia belleza.

Dos pendientes, dos colgantes.
Una herida y tres infiernos.
Un clamor una sábana,
Un llanto que llega al cielo.

El olor de tu pelo,
Un te quiero,
Un te espero.

Un muero de celos.
Un *"No es por ti si no por mí"*.
Falso aquel capítulo titulado *"Amor sincero"*.

Eternamente inexperto.
Veteranos en tomar como propiedad.
Novatos en la calidad, a decir verdad.

Sanidad son tus desvelos.
Donde te sueño.
Donde te quiero.
Conexión que nos mantiene en el aire, en vuelo.

En un viaje pasajero.

Efímeras horas tempranas.
Madrugada del alba donde te pierdo.
Nido de amor, cosecha de vientos.

Tempestad controlada.
Eres la calma,
la que yo siento.

Madrugadas de consejos.
Mañanas donde estas lejos.
Sanidad eres en mi yaga.
Sanidad en mi desvelo.

LA TERCERA ESTACIÓN

Anaranjado cielo de otoño.
Que al verano desvanece.
Aterradoras nubes negras.
Por el tejado ya oscurecen.

Solo en un barco.
Multiplicando ya mis peces.
El agua fría se escarcha.
Y mi garganta enmudece.

Ya no hay nadie hasta las tantas.
Oscurece a las siete.
Son más frías las mañanas.
Y el cielo se humedece.

(Dedicado al oscuro y húmedo invierno que tanto me recuerda al desamor por su incertidumbre y violento silencio atronador)

LUNA

Mírame sin cesar Luna.

Vuelve para acariciarme Luna.

Con esa intrépida de luz blanca.
Ilumina mi caminar, Luna blanca y sin arrugas.

Luna, alumbra mis noches, mis desvelos, mis momentos
más amargos.

Óyeme Luna.
Espérame y tenme paciencia,
Tenme en tu regazo.
Luna lunera...
Brillante entre los astros.

Brilla y destella con intensidad,
para poder escribirte musa celestial.
Aun en tu ausencia, en ese cántaro rojizo que se
esconde; logras inspirar.

Sonetos que dicen: *te quiero.*
Canciones que muestren como te busco.
Amores que mueren entre besos, y enemigos que mueren
abrazándose entre insultos.

Lanzo metáforas al cielo, a ver si las entiende la *Luna.*
Lanzo piedras esperando crear un castillo; sin riqueza,
sin fortuna.

Muero cuando llega el alba,
Y vivo cuando me quedo,
con ella a oscuras.

**(A ti Luna, por ser musa de todos los poetas y testigo de todo
amor)**

ANCIANA AURORA

Abuela que irradias luz y cuidas la nueva flora.
Arrugadita piel sedosa, cansada luchadora.
Anciana mujer en luto, mujer que no demora.
Cuenta los pétalos hasta hacerlos volar;
Tú, mi blanca paloma.

Cuando miro la cruz
que carga esa anciana señora.
Veo reflejada la luna
como su ansiada mecedora.

Cuna que mece en los mares
de su plateada última hora.
Luna que mengua la luz,
mientras se asoma la aurora.

Luna que ciega los ojos
de esa cansada señora.
Ciénaga de recuerdos grises
que olvidó a última hora.

Ya llega tu momento,
se paró la mecedora.
Ya murió la Luna,
pues no volvió a brillar, la luz Aurora.

*(Dedicado a los que nos abandonan y dejan un hueco con sabor
a ausencia antes de que salga la luz de un nuevo día)*

COLECCIONISTA DE MEMORIAS

Déjenme opinar por tan solo unos minutos.
Se lo pido por favor.
¿Podemos acallar las apasionadas mareas cuando
generan sus espectaculares olas?
Diría yo que no...

¿Podemos acallar al pensamiento,
O encadenar una pasión?
Diría bien que no, pero por favor,
Permítanme contarle algo.

Permítanme venderles el cuento donde no soy el
perdedor.
El cuento donde no pierdo, aunque cante bajo el balcón.
El cuento escrito en mentiras,
De aquel muchacho trovador.

Denme un simple momento donde pueda contarles
O cantarles una canción...

Coleccionista de memorias
Juzgado bajo el amor de Dios.
Coleccionista de memorias. Hoy te encerré en mi
colección.
Donde guardo desamores, donde oculto mi inspiración.

Formato fino, portada aterciopelada.
Pero también áspera con remaches y sudor.

Así es esta colección de memorias que te inventan,
Que te conservan y te atrapan, mi fiel amada.

Sumisa y dominante.
Humilde y prepotente.
Egocéntrica y mal nacida,
Amante de la muerte.

Así fuiste musa mosaica.
Cambiante y laica.
Letra de mi métrica,
Celosa y perpetua.
Laureada por mis lamentos.

Déjeme contarle,
Y sincerarme sin demora.
Pues soy coleccionista de memorias,
De historias de plebeyas.

Coleccioné besos de mentira,
Y sonrisas que me queman.
Me prendiste y me vendiste,
Después de nuestra última cena.

TRES FAROLES

Apenas está huyendo las claras del día y ya se encienden
los faroles.
Ámbar luz cálida que tiñe de color naranja una plazuela
con adornos y flores.
Aquí me encuentro sentado,
Pensando en que fue mejor apagar las luces y bajar el
volumen de esa melodía.

Melodía acampanada.
Melodía suave.
Melodía temprana.
Melodía, silencio de aves,
De esas que suenan a libertad.

Como alas que rompen el viento.
Hay sonidos que se disfrutan en voz baja.
Como el sonido de tus besos.

Sonido de caricias.
Sonido de un "te quiero".

Un te quiero que perdura,
Pues retumba en el cielo.
Un te quiero en silencio,
Como gritos de duelo.

Aun canta la luciérnaga,
Y apenas huye la oscuridad de la noche.
Y ya ruego a Dios por esa luz cálida,
Que me acalla con tus anaranjados tres faroles

LA LLAMA

En una noche fría y vacía de calor,
Una llama abrasadora se encendió.

Alumbraba, he inspiraba,
Nació de chispas de ilusión.
La llama era acariciada,
Pues el viento la meció.

Una luz alumbraba,
Mi oscura habitación.
Era fuego, era llama,
Era mi iluminación.

El viento la rozaba
Igual que tu mirada… dentro de mi corazón.
Una noche fría y trágica,
La llama se apagó.

Ese fuego que bailaba,
una noche se cansó.
Era fuego, era llama,
era luz, era calor.

Hoy solo es recuerdo,
de una luz que un día brilló.
Solo hay frio, gran vacío,
y gran desilusión.

Al tiempo quise encenderla,
mas no logre la combustión.
Pues el frio me rozaba y me dijo: _Hijo, ya murió tu
corazón._

MANTILLA NEGRA

Mi niña sembraba rosas y yo recojo espinos,
Con pétalos de colores que pronto casi olvido.
Mi niña lanzaba semillas de rosa, y pétalos de lirio.
Crecían los zarzales por la vereda de mi camino.

Ay, deja la ventana entre abierta.
Que sople la brisa que me despierta.
Ay, deja la ventana entre abierta.
Que salga la estrella que me molesta.

No me cantes más sonetos.
Y acalla tu campanilla.
A ver si despiertas a los muertos
Y acabes a la vera mía.

La luna se apaga y me llevo un susto.
Al que hace dos días visto de luto
Al cabo de la semana ya estoy a gusto.
La luna se muere y solo es un susto.

Ahí la ves, a las tres, tras el don.
Ahí la ves, tras el tren de las dos.
Ahí la ves, el marques no la amó.
Dan las tres, vez tras vez, fue a la tres tras su _dios_.

LLUVIA AMARGA

En la lluvia amarga yo reposo descalzo.
En el cielo gris te sueño, te tengo, te prendo en mis
brazos.
Luna lunera que te escondes tras esas nubes.
No es por tu ausencia que olvidé tus lunares de estrellas,
tu vientre, la lumbre que me alumbra.
Sáciame de gotas secas, lluvia que caes grisácea entre
gotas etcétera, etcétera.
Grisáceas gotas negras que de sequedad empapaste mi
alma.
Vacíame y renuévame; mójame y cólmame.
Pero que sea tu boca, oh lluvia amarga.

Pediré al cielo que seas tú y tu agua.
Que el maná seas tú, oh mi lluvia amarga.
Permíteme escribirte y decir a las nubes que seas mi
alma.
Hiéreme con días soleados y puñales en madrugadas.
Mátame deslumbrado por la belleza que irradia la luz en
calma.

Sáname con tu lluvia sea tardía o temprana.
Sacia esta alma sedienta con tu pozo samaritana.
Mi fuente, mi noche negra, la ausencia...
Oh, mi lluvia amarga.

ROMANCES QUE DUELEN

Beso el dolor, quiero tus labios cerca.
Siento tu amor, aún con las consecuencias.

Beso el dolor, y pagaré mil monedas;
A Caronte en la muerte; para navegar a tu vera.

Beso el dolor; tú olor me renueva.
Siento tu amor, como la vez primera.

Beso el dolor, con tu boca sincera.
Siento tu amor; y mi alma se consuela.

Beso el dolor, y este Ícaro vuela.
Siento ese sol, que derriten mis alas de cera.

Beso el dolor; conviérteme con tu mirada en piedra.
Siento tu amor, que marchita las primaveras.

Beso tanto dolor,
Siento tanto tu amor...

Y lo beso aunque me muera.

YO SOY- 2ª PARTE

Yo soy...
Tú respirar y amanecer.
La buena meta que alcanzar.
El verbo perfecto del ser.
El verbo que hace el estar.

La milla extra que correr.
La perfecta voluntad.
El mejor texto en tu papel,
Del corazón tu palpitar.

Yo soy...
El soñar de tu pincel.
De la dura roca el cincel.
Viejos pétalos de clavel.
El frío roce del hielo.

Yo soy...
El soñar de tu pincel.
La almohada del suelo.

Yo Soy...
Quien te manda otra vez
La tinta que abunda el tintero.
No existe la suerte,
Existe el amor con el que te quiero.

Yo soy...
El soñar de tu pincel,
El de justo y eterno sendero.
La muerte de la muerte
Para la viuda el consuelo.

Yo soy...
El que camina contigo.
Aquel sueño de locos.
De muchos cuerdos el "delirio"
Escogidos serán pocos.

Yo Soy...
El propósito para tu vida,
En los mares tu camino.

Yo Soy el que Soy.
Tu Dios,
Cordero y amigo.

LA HOGUERA DEL FRACASO

En la noche negra de mis miles ocasos.
Se enciende con mentiras en mi mente la hoguera del
fracaso.
La soledad dialogando con desparpajo dice a la mentira:
hablemos con su alma y riamos con este payaso.
La mentira dialoga con mi alma y llama a la duda que
viste de incertidumbre.
La incertidumbre enciende su hoguera en compañía de
los recuerdos.
Los recuerdos encienden una hoguera y le echan leña al
fuego invocando al fracaso.
El fracaso dialoga entre llamas con la esperanza que
trata de luchar contra ese fuego,
Mas el fuego consume demasiado y no lo logra
soportarlo.

Sola corre y huye a esconderse; mas de nuevo llega doña
oscuridad; donde a su paso solo hay fuego y sueños
calcinados.
Entonces la esperanza grita mientras se desvanece.
Sobre las llamas del fuego alguien clama por lo alto.
Soledad manda a callar a esperanza y juega con la suerte
a la mentira.
Y así me desvanezco yo en la hoguera del fracaso.

**(Todos ardemos en esta hoguera; tú decides si consumirte o
avivarte junto al fuego siguiendo este juego de ajedrez)**

LIENZO CALÉ

Pintor que pintas retratos.
Son sus ojos tu invención.
Yo que quise mirarla un rato.
Pero se pintó en mi corazón.

Poeta de rotos zapatos.
Admira una bella flor.
Retrata con bellas palabras
La historia de un amor.

Pinto a mi gitana, pinto a mi gitana,
Con faldiquera de lunares,
Y coral de plata.

Pinto a mi gitana, pinto a mi gitana,
Con mirada despampanante,
Que se pinta en mi alma.

Pinto con mis letras, pinto con mis letras,
El retrato del amor gitano con brocha de poeta.

Eres mi sultana, eres mi sultana
Mi mora andaluza, princesa gaditana.

Pintor que pintas retratos.
Son tus manos mi vocación.
Su cuerpo el lienzo gitano
De la mujer que quiero yo

No me borres el retrato.
Te lo suplico por favor.
Pues yo por quererla tanto.
No la borro del corazón.

Pinta en el lienzo poeta
Sus ojos verdes grandes canela
Y su piel morena.

Negro su largo pelo azabache
Y deja en blanco,
el hueco de sus caderas.

Pintor préstame ese color
El color de mi gitana.
Que no me quedan más colores
En el blanco y gris del alma.

Ella es mi sultana, ella es mi sultana
Mi mora andaluza, mi musa gaditana.

(A ti, mi lienzo de amor gitano; por tu embrujo de bello arte)

VENEZUELA

Quiero cruzar,
La frontera verde de Venezuela.
Dejar atrás,
Mi mar oscura por la mar turquesa.

Quiero cruzar,
La frontera de tus caderas.
Dejar atrás,
Mi España, mi patria entera.

Colonizar,
Tus montes y tus laderas.
Quiero cruzar,
Sus bosques y sus mesetas.

Poder saltar
A tu boca por vez primera.
Salto de fe
En tu piel, blanca...
Sabor canela.

Dejar atrás,
Las letras y los poemas.
Para escribir,
En tu tierra, mi lema y mi bandera.

Poder dejar...
Escrito con sangre de mis venas.
Tú, mi nueva patria; mi Venezuela.

Quiero encontrar,
El dorado que me enriquezca.
Poder marchar,
Con Pizarro a una nueva era.

Quiero navegar,
Desde Andalucía.
Hasta la latina tierra de América.

Poder alcanzarte,
A ti mi ángel, mi nueva tierra;
Hispanoamérica.

Quiero conquistarte,
Y que clavemos en esa tierra,
Nuestras banderas.

Tú, mi patria, mi amor, mi Venezuela.

(Dedicado a esta nación y en especial a una mujer que ha colonizado mi corazón con su manera de inspirarme y ver la vida)

GUERRERO EN EL CAMINO

Las estrellas enmudecen, amigo mío.
Las nubes se abren en el cielo y te hacen sitio.
Ascendente meteoro de carne, que te desviaste para
habitar los tiempos.
Tus tiempos...
Noches de silencio, luto y frio.

Las estrellas enmudecen, amigo mío.
Arriero de letras, arrieritos somos y nos encontramos por
el camino.
Escritor, hoy tu pluma descansa al fin, cansada de
derrochar arte por lamento, alegrías, desencantos y
tormentos.
Ya no las veras más, ya no te romperá más el alma gran
guerrero.
Tu corazón se detuvo en eterna pausa; tranquilo, amigo
del talento.
Hoy tu musa se entierra en tu mismo recuerdo.
Hoy el cielo se oscurece, porque te has ido.
Amigo mío; arriero.
Sin cobardía alcanzaste el objetivo.
Dile a tu musa que ya es olvido.
Pregúntale a Dios ¿qué es el destino?
Sonríenos con nostalgia y ternura amigo mío.
Pues la vida te hizo arriero, y guerrero en el camino.

*(Dedicado a Fernando Melero por su amistad, motivación y por
ser un arriero de letras y un gran guerrero en el camino en el
arte de vivir)*

ARTE

Camisa de lunares.
Jilguero de la mañana
Dirigen los mayorales,
caballos árabes a beber agua.

Poesía cantan los juglares.
La trova llevo en el alma.
Soniquete con alas verdes.
Andalucía es de España.

Flamenca que desgarras ole.
Descubridor de tierras lejanas.
Torero de buen capote.
Ole que ole.
Fuerza y maña.

Andalucía de lunares.
Gitana de plata fina.
Son tus ojos dos luceros.
Dos luceros que a mi me guían.

Hechura elegante.
Cañones de artillería.
Lánzame tu pañuelo.
Bebamos juntos sangría.

Jerez de la frontera.
Bahía de Algeciras.
Llévame a ver Cádiz
Al paso de la morería.

Paso de caballos.
Vuela un capote verónica al viento.
Cántame por alegrías.
Bulerías, sal del tiempo.

Madruga el sol despertando el día,
Sale el campanillero.
Andalucía es España,
No se olvida el gran recuerdo.

Sabor de Andalucía,
A oliva y olor de almendro.
Roneo por la celosía,
A la serrana que camelo.

Suenan las campanas de Sevilla.
Mientras llora la grada de pena.
Muere un toro de rodillas.
Clemencia suplica en la arena.

Desde el cielo le canta *Farina*,
Al torero un fandango.
Muere el toro de rodillas,
Y la plaza rompe en llanto.

Muere el toro de rodillas,
Cae la sangre en el asfalto.
La plaza llora la pena,
Y la arena, se hace barro.

LÚGUBRE POESIA A LA NOCHE

Poema que me buscas en las noches.
Poema que te asomas a la ventana.
Poema que me pides que no derroche,
Ni una letra más de estas lágrimas.

Me ofreces y me obsequias,
Sol que matas con la aurora.
Careta de soledad,
Grandeza que muere a esa hora.

Pobreza de los reyes.
La riqueza de la trova.
El imperio cae y muere.
Con el caballo de Troya.

Noche posesiva.
Noche de poeta.
Lúgubre y oscura noche
Noche oscura que me inquieta.

Frio que me inspiras.
Humedad que me recuerda;
Que la sabiduría caerá,
Como rocío sobre la grama,
Como la llovizna sobre la hierba.
Noche que susurra,
¿Poeta que te pasa?
Poesía que en la noche olvida el descanso entre sabanas.

Tren descarrilado,
Transporta letras coquetas.
Un gallo canta desafinando,
Un cacareo que molesta.

Duerme y descansa poeta.
Susurra la luna al titiritero.
Canta de nuevo el gallo,
El desafinado cacareo.

Poema que me inyectas,
Insomnio en madrugada.
Noche bohemia y soltera
Viuda estrella olvidada.

Poeta de la luna.
¿Poeta quién te salva?
Si no es la luna lunera, será la oscuridad de algún
mañana.
Poeta que escribes poemas.
Poeta ¿a quién cantas?
Yo solo lloro en letras, aquel amor que me quebranta.

(Dedicado a la noche, por su compañía temporal y perfecta)

LA PALABRA

Palabra que se lleva el viento.
Palabras que hacen daño.
Palabras que prometen muerte.
Palabritas son engaño.

Palabras de un tal necio.
Palabras de cansancio.
Palabritas en silencio.
Palabras que hablan despacio.

Palabras palabritas.
Palabras que dejan espacio.
Palabras de la calle.
Palabritas de palacio.

Palabras que hicieron,
Un universo muy extraño.
Palabras palabritas,
Con palabras me crearon.

Palabras de un tal verbo.
Palabra de un *te amo*.
Palabras que con aliento,
Vida dieron a este barro.

CANELA, LIRIOS Y NARDOS

Con hojas de limón verde
yo te quiero coronar.
Con flor de menta y canela
tus sarcillos adornar.

Cuando caminen tus pies
descalzos por la orillita del mar.
Tus huellas con las mías
quiero poder juntar.

Por las bohemias playas de Andalucía
Te sigo el paso.
Recojo las flores que pisas,
Soy tu payaso.

Con rosas y nardos, te sigo el paso..
Lanzando flores *pá* que te gires,
Y me hagas caso.

A limón verde,
lirios campestres;
Huele tu pelo largo,
que me estremece.

Flor de canela,
lirios y nardos;
Tu pelo negro,
tu pelo largo.

Te sigo por la bahía niña
pá que hagas caso;
Quiero ser la orillita
y el sol de marzo.

Sentir las huellas que dejan
tus pies descalzos.
Hermosa morena;
canela y nardo.

La mar salina,
la mar salina.
Le pido a los cielos que seas mía,
Que tú seas mía.

Huelo por las esquinas
mi buena suerte,
Mi buena suerte.
Cuando las olas se llevan tus huellas,
Pido a la suerte, que me hagan fuerte.

Bendito viento que tú aroma lleva, por primavera.
El perfume que me envuelve las flores campestres.

Ay del mal de amores, cielo celeste.
Entre canela lirios y nardos
Camina descalzos
Mi buena suerte.

(Dedicado a ella, la que me espera con los pies en la arena y el corazón en las nubes)

EL DIARIO Y LA ROSA

En un cajón de madera
hay guardada una rosa.
Con las espinas muy secas
se encontraban sus hojas.

Un diario desgastado,
Amarillentas páginas rotas.
Madera envejecida,
Desgastado color caoba.

Suena una guitarra,
Lenta música, a altas horas.
Solitario bordón,
Recita una hermosa copla.

En un cajón de madera, color caoba.
Se muere un viejo diario de hojas rotas.

El tiempo las consume,
Y pasan las horas.
Sangro con esa espina,
Seca esta mi rosa.

Solitario diario.
Solitaria mesa.
Amarillenta copa.

Solitaria esta espina, de mi rosa dolorosa.

<u>POR ÚLTIMA VEZ</u>

Me pedias poesía.
Cuando más yo te amaba.
Me pedias poesía.
Con poesía yo te lloraba.

Tú querías a tu poeta.
Tu poeta no se marchaba.
Tú que eras mi alma en letra.
Más quisiste que me alejara.

Hoy vuelve tu poeta.
Hoy vuelve la balada.
En esta fría noche.
Y el embrujo de tu mirada.

No me atormentes más en sueños.
No me atrapes en tu red.
Déjame soñar despierto,
Y ser poeta por última vez...

(Dedicado a Dios por el don de la palabra que tantas veces me sostuvo y me liberó)

LA ACEITUNA LLORA

Una aceituna lloraba
extrañando al olivo
Una aceituna lloraba
Tiradita en un camino

Ella que está tan perdida
Seca y sola en un arenal
Quiere gotas del rocío
Ser de España y nadie más.

Canta la aceituna sola
No quiero ser extranjera
Llévame Andalucía
Antes de que muera por pena

Canta la aceitunita sola
Sírvanme en tapa en mesa
O expriman mi sangre dorada
De oro es mi sangre espesa

Oliva me llamaba mi Olivo
Mi amor de raíz jienense
Poeta de versos *granainos*
Me besa el levante almeriense

Una aceitunita lloraba
Por su olivo, por su patria.
Una aceitunita lloraba
Porque a ella la extrañaban

La aceitunita llora que llora
Rota y exportada
Exclama al aire y al viento
¡Quiero volver, a casa!

Aceituna mediterránea
Aliñada entre lágrimas
El olivo le implora y llora
Vuelve a la patria España.

CABALLO TORDO

Hay un caballo que resopla.
Camina por la orilla de Getares.
Playa hermosa y arenosa
De arena que se mezcla entre dos mares.

¡Ay caballo tordo!
Que relinchas mientras bailas.
¡Ay tordo caballo!
Que caminas como las damas.

¡Ay caballo tordo!
Que marcas con tu trote la bahía.
¡Ay tordo caballo!
Que bailas por bulerías.

Quisiera ser reflejo en tus ojos
Mientras la mar te mira.
¡Ay caballo tordo!
¡Ay caballo de mi vida!

Ole mi caballo.
Ole cuanta armonía.
Ay caballo tordo.
Mi noche y luz del día.

Yo tu fiel jinete.
Tú, corcel y amiga.
Ole que ole caballo.
Mi fiel gran compañía.

¡Ay gitana de mi Cádiz!
¡Ay mi reina gaditana!
Por ti cambiaria mi caballo
Entre tus sábanas de Holanda.

¡Ay gitana de mi Cádiz!
¡Ay mi reina gaditana!
Eres tierra en mis mares.
Eres flamenco, elegancia.

¡Ay caballo tordo!
¡Ay mi reina gaditana!
Por ti lo vendería todo
Gitana mora, reina sultana.

SOLEDAD

Existencialmente incompletos.
Como orbe sucio y viejo.
Soledad es extrañar aquellos tus besos.
Extraño tu aroma, extraño tu piel...

Anhelo la verborrea con la que me solicitabas.
Tu tiempo, ahora escasez.
¿Solo?
No me quedé solo.
Nada debía temer. Solo faltaron tus besos, tus caricias,
tú reclamo; pero siempre estuve solo.

Siempre estuviste ausente.
Ausente como aquel silencio cuando te fuiste.
Ausencia de ti, tengo ausencia de ti...

De eso padezco; Esa es mi enfermedad.
Y yo necio en mis horas muertas, de vacío existencial, te
llamo soledad...

Patológicamente enamorado.
De ti, de tus huesos, de tus encantos.
Necesito absorber tus miedos, tus luchas, tus fracasos.
Déjame contemplarte como _Endimión_ contemplaba la
luna.
Contémplame. Contempla mi sueño y veras que en su
interior vuelvo a contemplarte.

Ahora que ya te estoy olvidando, no siento esa pena.
Más solo que estoy ahora, pero siento una extraña
compañía.

Tengo tiempo para rellenar ese vacío que me hiciste
sentir.
Sí. Me vaciaste amor.

Con tus bruscos reclamos, con tus lamentos constantes,
con tus prisas, con tus ansias porque rellenara tu copa.
Nos vaciamos amor, nos vaciamos.
Y eso que estuvimos tan llenos.
Y eso que fue tan pleno; pero nos vaciamos.

Fue un amor apasionado.
Te amé de verdad.
Libre de pecado
Sin conocer la maldad,
Juntos caminamos.
Tu sombra fue mi deidad.

Y yo que andaba angustiado, y la llamaba soledad…

<u>PÁ TUS OJOS VERDES</u>

No puedo continuar esta conversación sin citar tus
hermosos ojos verdes...

No son como el mar del caribe que se tiñen de verde.
Ni tampoco como la aceituna de aquel viejo olivar verde.
Como un ave nocturno difícil de hallar y se pierde.
Así son; tus ojos verdes.

Tristes son los míos, cuando no puedo verte.
Cuando en ellos te reflejas, suspiro a la suerte.
Pues son ellos; tus ojos verdes.

Donde vendo mi vida y me entrego a la muerte.
Verdes...

Cuando tú me miras.
Cuando puedo verte.

De verde se tiñe la frontera que hay entre tu boca y la
mía;
Como la hoja del azahar; como la bandera de mi
Andalucía

Dicen que todo lo hermosamente natural es verde.
Pero nadie hablo jamás de tus ojos.

Donde sueño con perderme,
En tu primavera.
En tu mirada verde.

FANTASMAS

Siento decirlo, pero la protagonista de aquella bella
historia que escribí no eras tú.
Duele en el alma admitir que no eres la musa de mis
canciones, ni de mis poemas, ni quien provoca el delirio
de mis alucinaciones donde escribo delirantemente como
un loco.

Mi inspiración no reside en ti;
Ni mucho menos aquellas metáforas con doble sentido
describen algo entre tú y yo.

Siento decirlo y duele...
Duele querer quererte, descifrando aquel acertijo sobre
perderte; Sobre olvidarte.
Tal vez quede pendiente, que este corazón vuelva amarte.

Por eso duele...
Pude olvidarte.
No sentirte y abandonarte.
Desprenderme...
Desmotivarme.

Fue tan sencillo sustituirte, que ese amor dejó fragancia
de un querer efímero.
Ahora eres vacío, no logro soñarte.

Por eso duele...
Duele que no duela.
Duele no extrañar esa sonrisa de la cual fui creyente y
ahora solo soy un vulgar pagano más.
Duele olvidar y amar ahora a mi soledad.

Duele preferir no preferirte.
Es tan fácil ahora.
Ya sí, aléjate.
Pues mi corazón está ocupado, llegas tan tarde...
Ocupado de desastres; enamorado de mis fantasmas.

Fantasmas de una imagen que creía que eras, de quien
pudiste haber sido, de quien no fuiste, de quien no
eres…
Aléjate de mí, te lo ruego.
Pues estoy enamorado de esos fantasmas que me ayudan
a escribir lo hermosa que te soñaba, lo perfecta y
delicada que te veía.
Fantasmas que me hacen soñar y hacen latir mi
contristado corazón.
Espectros tal vez…

Más ellos en la maldición de un amor que tal vez no
existió, saben bailar conmigo.
Conocen el sonido de mi corazón.

Como brujería saben cómo poseerme.
Saben controlarme.
Pero tú no supiste.
Tu sola danzaste bajo la luz de la luna sin dejar que te
contemplara…

Te alejaste de mis sueños donde yo te dibujaba con mi
mirada, mientras perfilaba tu silueta con mis ojos.

Fantasmas, fantasmas y más fantasmas…
Fantasmas que gritan que me aman; y eso duele.

Duele que no seas parte de aquel viejo cuento el cual me
creí como niño soñador.
Por eso, aléjate y déjame solo con mis fantasmas;
A los cuales les entrego mi alma.

Tal vez los santifique con un devoto si amén.
Pero solo déjame con esos fantasmas, a los cuales no
pienso serle infiel.

PÉTALOS DE SANGRE

Ella ya no me sonreía.
Ni tan siquiera me miraba.
Dejó de ser quien era.
Fue por eso que me olvidara.

Un día mire con luto.
El recuerdo de aquel amor.
Pidiendo que lo entierren
Bajo olvido, y por favor.

Solo me encuentro yo.
En la prisión de sus ojos
Fatiga tengo por,
Sus cadenas y antojos.

Dime que me amas,
dime que me quieres.
Dime que jugar,
con los amores te entretiene.

Sal de mi cabeza,
sal de esta sin razón.
Sal por esa puertecita,
que abrió mi corazón.

Te gustaba jugar al amor,
y que yo siempre perdiera.
Ahora vienes llorando,
bajo esta amarga luna llena.

Pidiendo que te abracen.
Pidiendo que te quieran.
El amor te viene grande.
De desprecio te murieras.

Yo te quise mucho;
pedias que me fuera.
Vete y lárgate,
no te quiero a mi vera.

Yo te amé; pero querías que me perdiera.
Ahora lloro este canto; mientras brinco y bailo, sobre tu
hoguera.

Fuiste mi verdugo,
posesiva y enterradora.
No vales un duro,
sirenita que se ahoga.

Barre las espinas de tus rosa, pues no las vayan a pisar,
Algún otro marinero, en tu isla, de la maldad.

LA CONQUISTA

Tantos siglos España,
se enseñoreó de su nación.
Hasta que una joven india,
colonizó su corazón.

Conquistas mis sentidos,
tu boca; colmena de amor.
Eres panal de palabras,
El cual me endulzó y me cubrió.

Evangelizadora de besos.
Catedral de Roma,
misionero de Arezzo.
La capital tu tomas.

Me encomendaron conquistar; volver con tierras y
especias.
Mi misión ha fracasado...

Díganle a mi madre que fui evangelizado.
Que conocí las buenas nuevas de un cuerpo hispano
Y ahora soy un infiel pagano.

Me inclino al dorado de sus piernas.
Raptado por un hambre de locas horas en trena.
Dígale a mi madre que morí,
Que no volveré jamás a la península ibérica.

Díganle a mi madre que morí,
En la tierra verde, de Sudamérica
Ahora es otro el que vive
Un polizón en otras tierras
Atado a los besos del mar caribe
Atado y libre, en sus caderas.
Soy el colonizador que fracasó,
En otras tierras.

YO SOY-3ª PARTE

Yo Soy el que soy.
También quiero tu amistad.
Soy quien da fuerzas al cansado.
La perfecta voluntad.

Camina tú conmigo,
solo si tú quieres estar.
Camina tú mi amigo,
en completa sanidad.

Camina caminante,
Que camino se hace al andar.
Y en tu camino el fuego arde;
Soy la llama en tu zarzal.

Yo Soy, la vara en tu desierto.
Soy la luz del milagro.
Lo natural en lo natural.
La ciencia escrita en párrafos.

Yo soy, la palabra del poema.
La brisa de inspiración.
Soy la fuente de vida.
Tu risa es la perfecta canción.

Soy el padre de todo un mundo.
Solo anhelo la reconciliación.
Soy el Alpha y el Omega
Tú, mi corazón.

Soy la luz para el que dejó de estar ciego
Tú la voz que clama de dolor
Yo soy el que soy
Más dicen que cometí un error.

Error por dar libre albedrio, a mi hermosa creación.

Yo soy quien sopló vida,
A ese vacío corazón.
Yo hablé a sus profetas,
Con una intención.
Acercarme a mis hijos,
Abrazarles con amor.

Yo Soy el que soy.

Aunque morí por ti en una sucia cruz,
Para que tu cielo siga siendo hermoso,
Así de bello, color azul.

Pero tú...
Sin nuestra amistad y sin mí, ¿qué eres tú?
Yo soy el que soy, y siempre atenderé tu clamor.
Porque tú eres...

Hijo mío, y por siempre mi gran amor.

EL ALQUIMISTA DEL TIEMPO

Tiempo que desborda errores.
Tiempo que no borras huellas.
Tiempo báilame al compás del recuerdo.
Tiempo no te mueras.

Tiempo que respiras del aire.
Aire que nace de un suspiro.
Suspiro que muere en mi boca.
En el tiempo yo te olvido.

Tiempo que pescas cada segundo;
Lo atrapas y lo ocultas.
Cierto es que no existe el tiempo,
Sin fetiches y sin musas.

Aventurero soy del verso.
Más yo quiero explorar,
No solo sus delicadas y hermosas líneas,
Sino su aroma y paladar.

No hay aventura sin sendero.
Ni sombrero que llevar;
Pues el sol aprieta ligero
Y el camino es soñar.

Sueña que te sueño.
Soñé que te soñaba.
Soñaste que soñé
Que ya yo no soñaba.

Escribo por inercia,
La paciencia me engañaba.
Del amor solo hay una ciencia.
Reflexiones sobre almohadas.

Para el desamor no hay ninguna cura.
Dijo un viejo alquimista.
Mas el conocimiento de la amargura
calla al optimista.

Tal vez el tiempo cure la llaga,
O adormezca el dolor.
Nada sin más nada.
Aliándome con mi aflicción.

Levántenme un pedestal
por el tiempo que derroché.
Lánceme con una soga al mar.
Para huir, noche tras noche.

Tomo de momentos,
y de historias atrasadas.
El tiempo y el lamento
son amigas hermanadas.

Traidores y depredadores
que manipulo con el mismo fin.
El alquimista del tiempo
hoy descansa en su jardín.

VOCES

Son las voces de la noche las que gritan en silencio.
Es el silencio de la noche el que grita fuertes voces.
Es la noche de las voces donde en silencio se gritó.
Es el grito de la noche el que al silencio desveló.

Oigo voces, oigo gritos; Oigo desesperación.
Es mi locura la tertulia;
Tal vez mi imaginación...

No lo sé, pero por Dios que es cierto que oigo voces...

Voces con gritos de dolor.
Un silencio y un chillido, resuenan como a conspiración.

¿Son ellos o es mi mente?

Sí, es mi mente.

Pues claro que es mi mente.
Si no;
Loco estaría yo.

EL VUELO DEL PAJARO VERDE

Pájaro que vuela en el sur,
despeñadito por pedregales.
Desde Jaén hasta Granada;
Desde Málaga vuela en levante.

Por Cádiz habla con las gaviotas,
riendo con una comparsa.
Arte a vuelo grande,
no hay vuelo con tanta gracia.

Pájaro madrugador,
divisa a los piconeros.
Flamenco baila el caballo,
con todos los rocieros.

Verde y blanca, tierra cristiana,
llora que el rey ha muerto.
Verde esperanza, la brisa del alma,
solemne de triste duelo.

Pájaro madrugador,
tierra verde de luna blanca.
Sol radiante de Andalucía,
Brillas, desde la Alhambra.

Pájaro que vuela en el sur,
por la giralda.
Con el sol de Andalucía,
viene de arabia.

Fundiendo la noche y el día,
su eterna fragua.
Pájaro bendito que vuela
A toda España.

BUSCANDO TU MIRADA

Cuanto hace que no te miro a los ojos *Poesía...*

Rasgada luna de lágrimas de miel.
Panal dulce de dolor y melancolía.

Poesía...

Cuanto hace que no te miro a los ojos Poesía.
Desgarrada túnica que cubre mi piel.
Ventanal de azotes de levante; suenas a melodía, poesía.

Cuanto hace que no te miro a los ojos Poesía.
Mirada perpetua que me acusas; mi juez.
Arraigada condena que me libera y me guía.

Esencia de la matriz perpetúa, que das a luz noche y
sombras al día.

Poesía...

Miro hoy tus ojos y veo como me poseías.
Descanso bajo el seno de la madre y su ser.

Sueño con lo eterno pero yo no tendría,
Vida sin la magia caricia con la que hechizas mi pincel.

La musa de todo poeta eres tú,
La esencia.
Te amo poesía.

Cuanto hace que no te miro a los ojos amada mía.
Pupila profunda de muerte y de vida.

Navego en el mar errante del taciturno escriba.
Observo el paisaje de mares de tinta.
Son tus ojos...
Tus ojos radiantes; bendita y maldita Poesía....

Me haces caminar entre cadenas de enigmas.
¿Cuál será el auténtico farsante de elegantes sonrisas?

¿Qué traerá el levante entre sus naufragios de tormentas
salinas?

¿Qué rosa en prosa nos cortara con sus espinas
malditas?

¿Sera el amor, será la pena o será la melancolía?
Eso ya no me importa...

Lléname de alegría, vida mía;
O destrózame dejando de nuevo mi alma vacía.

Pero mírame a los ojos amiga.
Mírame a los ojos y dime, que también yo soy, tú Poesía.

EL VIAJE

Mi rumbo partía de España
sintiendo los resplandores
Asomado por la ventana
buscando tierra de amores.

Llevando mi bandera
Sintiendo sus colores
Atrás dejaba la patria
Callaban los ruiseñores

Por la celosía miraba en Sevilla.
Un mapa pintado en una noche de mayo.
Pensando en el viaje que yo emprendería.
Pasando los mares solito y temprano.

Buscando en Colombia lo que yo perdería.
Lo que el viento del Sahara borró con su mano.
Dejando Lisboa en la lejanía.
Desojando las flores de Bolivia sentado.

Aprenderé en Argentina bailar el tango,
Elegante y hermoso como el mar dominicano.

Serrana del Perú,
Corazón mexicano.
Guayaba dulce del caribe.
Me aguarda un rumbo lejano.

Te Extrañare...

Mares de marruecos,
Sol de mi corazón.
Busco en las estrellas del cielo,
la dirección al Salvador.

Perderme en el amazonas.
Medir el ecuador.
Buscar la habana en cuba.
Nuestra aventura, escribo yo.

De Paraguay hasta honduras.
Mi embajada está con mi Dios.
Como Lorca ser poeta.

Pero ser Poeta;
En nueva york.

(Dedicado a las naciones y todos los amigos que tengo por el mundo)

EL OTOÑO Y LA ROSA

En mi ventana cuido una rosa.
El calor del sol mengua.
La antorcha celeste reposa
Como el avellano y la almendra.

Vestidos delicados,
Con el viento se destrozan.
Arboles perenne se enseñorean
Ante los caducos almendros

Otoño que te sueño
Otoño ya te tengo
Madroño que vive perenne
Hojas por los suelos.

El cielo naranja es la fragua.
El invierno llega en silencio.
Nubes cargadas de agua
Nubes oscurecen el cielo

Rosa, ya llegó el otoño
Otoño gris que viste con velo
Abriendo camino a tu retoño
Que da paso al invierno.

LA PLUMA Y EL TINTERO

La Poesía es muerte
si tú en ella no estas.
La melodía, perennes notas;
si no te puedo alabar.

Palabras muertas son aquellas,
que hablan vanidad.
Un alma triste muere,
si tú, en mi boca no estas.

Muéstrame la luz
que me ayude a restaurar,
Cuantas luces veo a lo lejos,
que no llego alcanzar.

Luces que estaban
y en poco ya no están.
Encuentro yo tu gracia
donde abunda oscuridad.

Adéntrate hijo mío en la poesía,
Usa el don de rescatar.
Los veleros de almas perdidas,
que no conocen mi bondad.

Poesía muerta es aquella
donde tú, no estás.

No es el duende
ni es la musa.
Es mi Dios
quién relata en realidad.

Tintero sin letras
no es tintero ni es nada.
Solo es un frasco sucio,
pues lo que fuera ya no estaba.

EL ARTE Y LAS MODAS

Detesto el ruido.
Sí, el ruido es algo insoportable que me vuelve una
persona critica en todos los aspectos.

Aborrezco el ruido así como también a veces el silencio
incómodo. Provocado por una frase poco ensayada u
olvidada en medio de en una obra de teatro.

Como dramaturgo frustrado por una aberración en su
mimada obra, así aborrezco también yo al ruido en la
vida; las tendencias, lo casual, lo común, lo que todos
aplauden y la ausencia de amor u originalidad. Como la
pasión por las cosas y la vida.

Procuro desvincularme de esas músicas, esas modas,
esas frases hechas que escucho mencionar a la gente en
el bus de camino en mis viajes; en las calles, en los
medios, en la publicidad, incluso en las cartas de amor
escritos por otros.

Así como que me pidan que les escriba poemas a alguien
que no conozco en las que pienso: *"Querido desconocido,
ojala pudiera escribir una historia o vínculo entre tú y yo.
Pero desconozco tu historia, ningún argumento nos une
entre lazos afectivos como para describirte o hablar de ti.
Pero repasaré tu silueta con el óleo que escondemos los
poetas.
Diré lo que verdaderamente puedo decirte; una realidad.
Que Dios te ama; así que lo dejaremos ahí, sin rimas, sin
golpes rítmicos, pero con el arte de la verdad y el amor
incondicional de Dios. Que es una verdad irrefutable"*.

Como relato, no me gusta lo común, lo forzado y lo
insípido.

No me llena lo vacío, ni me atraen las mentes donde en una conversación solo escucho ecos.
Amo la variedad, la excepcionalidad y el buen sabor del arte personal de cada individuo.
Amo tu genialidad particular, tu sabor y las paletas de colores más que el blanco o negro grisáceo.
Admiro el abanico de personalidades lleno de arte propio.
Amo tu arte y detesto tus modas.

Considero que somos instrumentos solitarios, sin partituras escritas.
Somos una nueva danza que aportar al mundo, y una influencia particular para otros.
La vida sin propósito no es vida, la música sin ritmo no es música.
El arte sin expresión no es nada. Por eso lo disfrazan algunos generan modas.
Moda es aquello que usas un tiempo intensamente y luego desechas.
La moda no se ama, solo tapa carencias.
Hay amores y amistades que se rigen en la misma base de las modas. Son bailes temporales sin instrumentales de fondo.

Quien no ama la música lleva cualquier disco de moda en el coche y puede parecer que ama toda la música.
Realmente necesita oír algo para encajar en un mundo que necesita danzar.
Eso es la moda.
Vestir según una tendencia que cambia en las mareas negras del consumismo.
Bailar cualquier ruido en discotecas, y besar cualquier labio que digan "te amo".

Es por eso que no me gusta que la música suena; si no la música hable, transmita y cuente una historia de esas que tú y yo callamos.
Me gusta que sea excelente y diga aquello que los dos sabemos y nadie más se le ocurrió expresar…

No me gusta el ritmo; me gusta el compás, los tiempos
fraguados con el martillo del arte.
No me gusta la moda, ni tan siquiera coincido con ellas,
me gusta el aquí y el ahora; donde la falda de la
autenticidad se mueve con propiedad.

No me gustan las modas y detesto que no se valore lo
único inmaterial con valor en esta tierra después del
amor; que es propiamente el arte que llora por poder ser
gestado, reconocido y amado. Como tú y yo.

Por eso no puedo bailar la música de cualquiera si no me
transmite con el compás armonioso del arte.
Por eso no puedo bailar una música cualquiera si no me
va a decir nada interesante en el interior de mi alma.
Necesito que hagan vibrar mi espíritu.
Por eso esquivo la basura de las modas, ya que inundaría
mi cabeza con una nueva parafernalia de las que llegan
para quedarse por un martirizante tiempo; igual que una
nueva enfermedad o gripe social.
Por eso no bailo a su lado, por eso no escucho lo que
dicen, por eso olvido todo sonido hiriente he irritante y
solo bailo con la que me hizo vibrar a compás, propiedad,
criterio y autenticidad...

Por eso quiero que seas tú mi historia.
Por eso te llamo arte, por eso te quiero escuchar.
Por eso mi moda es amarte, y contigo quiero bailar.

MEMORIAS DE UN VIEJO PIANO

Solo quedan fotografías envejecidas y sin color,
Recuerdo de aquel viejo piano. Negro, elegante y
resplandeciente...

Recuerdo una ventana y una flor.
Refleja el sol mientras toca mi hermano solemnemente.

Hoy entré en aquel salón.
Muere un poema que se consume latente.
Partituras color pardo sepia, lloran al compositor.
Que abandonó el romance lentamente.

Romance de caricias y respuestas.
Miradas desvistiendo las corcheas, desnudando las
semicorcheas mientras se seducen y se desbrochan.
Piano amante de unas manos.
Manos seductoras que componen con caricias y
respuestas.
Pentagramas que se aman y entrecruzan en un abismo
sinfónico.

Memorias musicales. Romance de un poeta.
Estrofas desgarradas bajo tiempos sin letras.
Recuerdo aquel piano, o al menos donde se encontraba.
Pues un día fui a buscarlo, y tan solo halle, silencio...

FLAMENCO

Golpea el ébano.
Cajón flamenco.
Baila un gitano.
Ciprés ardiendo.

Palosanto de india
Ardiendo el cedro.
Diapasón que afina.
Bordón del tiempo.

Trémolo y compas.
Lirica de Lorca.
Faldiquera *colgá.*
Cante que se desboca.

Fiesta de madrugá
Noche de primavera.
Arpegios para el aire.
Arte para España entera.

Patrimonio inmaterial.
Guitarra de madera.
Cuerda de nilón ´
Al compás por peteneras.

Fandangos y bulerías.
Sevillanas y coplas.
Seguidillas y alegrías.
Colombianas entre copas.

Versátil *tocaor.*
Melodía lleva el viento.
Rumba y tanguillo,
Acelera, magia y tiempo.

Brebaje de la india.
Fragua de Tartessos.
Dieron vida los fenicios,
Cuna de cimientos.

Es llanto en alegrías,
Y alegrías en lamentos.
Es arte, es poesía,
Es pasión.

Es flamenco.

LA MENTIRA DE LOS SUEÑOS

Soñé con perderme en el laberinto de tu piel.
No quise encontrar la salida jamás.
Soñé endulzarme con tus labios de miel.
Creí las mentiras de aquel amargo panal.

A veces una letra se me escapa por ti.
Pero son muchas las que he logrado borrar.
Tal vez una noche tú te acuerdes de mí.
Tal vez hoy comprendas lo que es desvelar.

Fue bajo la lluvia donde me hiciste feliz.
Jugando como niños al juego de enamorar.
Fue bajo lágrimas donde llego todo a su fin.
Tal vez te arrepintieras pero _hasta nunca jamás._

Soñé con perderme en el laberinto de tu piel.
No quise encontrar la salida jamás.
Soñé endulzarme con tus labios de miel.
Creí las mentiras de aquel amargo panal.

Fuiste la rosa más bella de mi jardín.
Fuiste la arena que se llevó este mar.
Soñé que destruía viejos libros escritos en latín.
Donde te describían y no logre descifrar.

Jamás me fue útil ya que no comprendí,
El verbo de tu lenguaje, cuando se trata de amar.

CASTÍGAME CON TU FALSO AMOR

Ahora que la luna crece,
que la noche ennegrece, y me salen los suspiros.
Es cuando tengo la esperanza,
de clavarte a ti esta lanza;
hacerlo con templanza,
tú me sabes a olvido.

Escucharas, que tu arma fue la farsa,
que usaste con la calma
que me ahogaron a mí tus mares.

Castígame, castígame y castígame,
Ya que no sabes vivir.

Cuéntales algún día a tus hijos,
Que tú fuiste el castigo,
de algún pobre inocente.

Tus palabras fueron veneno
para quien dijo te quiero
y tú lo maltrataste.

Ahora que buscas el dinero,
Perdiste el amor sincero
que te perdone nadie...

Te fuiste de mi vera
dejando una luz a fuera
y no dentro de mi corazón.

Castígame, castígame y castígame
Con el castigo del amor.
Castígame, castígame y castígame
Atadura y clamor.

El reloj de arena se te ha caído,
a hora buena en el camino,
ahogaste a una buena flor.

Almendro, menta y olivo,
quemaste el árbol caído
y calcinaste con rencor.

Castígame, castígame y castígame
Con tu castigo de amor.

Recogí un fruto prohibido;
fruto de la maldita pasión.
Castígame y castígame
pues su rama me enredo.

Castígame, castígame y castígame
Encerradito en tu castillo de amor.

Castigo...

Inocente castigo.
Corre, y que te perdone Dios.

AMANTES

Las olas besan con pasión, desde el corazón y con mucho
cariño.
La orilla es puro sazón, late el corazón, desde el
rinconcillo.

Mi playa morena gitana, abre la ventana, corre que te
pillo.
Corre hasta Getares, tú y yo amantes, por el saladillo.

Delante, la tierra del arte, Algeciras mare, en tus ojos
brillo.
Línea de la concepción, para ti esta canción, corre que te
pillo.

Delante la tierra del arte, Algeciras mare, son mis dos
colores azul y amarillo.

La línea, belleza gitana, eres tu mi hermana, sabe que te
digo.

Que esa mirada tuya, y esos ojos negros, son mi único
sendero.

Destápate la boca, niña prodigiosa, voy a robarte un
beso.

Hagámoslo a escondidas si esto es delito por ti voy preso.

EL NIÑO Y LA NIÑA

Que nunca me eches de menos, porque a mí me
abandonaste.
Con el corazón hecho trizas, porque tú me engañaste.

No me sigas, no me sigas,
Que este corazón ya no es de nadie

Soltando migas por el camino; Suspiraba cuando te
amaba, pero ya eres olvido.

La niña de la asunción, se enamoró en la casa patio.
El niño de la plazuela, anda descalzo.
Le sonreía a la niña, y la niña le sonrió. Pero él nunca se
atrevió de darle un abrazo, a la niña, de su amor.

Pero un día, ella le dijo al niño, que si jugaban al
escondite. Y escondido la besó.

Ay/ niña mía ¿dónde estás?
Ay/ niña mía te encontraré.
Ay/ niña para de jugar,
Al *pilla pilla,* o al *esconder.*

Ay/ niña mía, ¿dónde estás?
Ay/ niña mía, te encontré.
Ay/ no dejemos de jugar,
Ay/ no quiero crecer…

LA ZARZA QUE ARDE EN MI DESIERTO

Tengo una cita contigo,
pues no sé lo que me pasa.
Tengo una cita contigo,
Con mi amigo en una zarza.

Ya que mucho he escrito,
A este ego.
Que hoy, el fuego lo abrasa

Le he cantado mucho a las musas
Las que se fueron
Y lo que yo quiero
A mi bella España.

He olvidado el camino
Y donde se encontraba,
La fuerza que di a Dalila,
Y las trenzas; y mi hacha.

Dios siempre ha estado conmigo
Cuando perdido
Yo me encontraba

Afanado en mi sino
En las letrillas
de mi querer...

Mi boca es la roja amapola,
Suspiros en caracolas,
versos de lirio, mi rojo clavel.
Cuando su clorofila se invoca,
llena de vida, todo mi ser.

Eres la tinta que en letras
Liberas al poeta, sobre el papel

Eres la blanca paloma
La gota que colma
Eres la fuente
Que sacia mi sed.

POETA DEFECTUOSO

Poeta defectuoso.
Sombrerito en un sillón.
Ser loco es algo hermoso.
Que no duerma en un cajón.

Poeta defectuoso.
Las manillas del reloj.
El tiempo pretencioso,
Marcó en punto al corazón.

Poeta defectuoso.
Sin cordura te amo yo.
Sonrisitas en boca inquieta.
Así aprieta sinrazón.

Poeta defectuoso.
Que recitó al corazón.
Le hicieron sonriente.
Pues el amor lo alcanzó.

BAILANDO BAJO LA LUNA

No recuerdo cuando eso fue, solo sé que fue muy larga…
La noche más oscura, donde brillaba esa mulata.
Lo que sí que bien recuerdo es que me enamore de
aquella diosa. Llamada doña; doña Tomasa.

Brillaba la muy hermosa, mi rosa andaba bien
perfumada.

Déjame bailar contigo esta noche, bajo la lunita clara.
Déjame acariciar tu piel oscura, danzadora mi negra
amada.

Déjate alumbrar bajo la luz de la luna doña Tomasa.
Esta bendita luz que muestra los caracteres de tus
hechuras,
Tus curvas oscuras, mi negra mulata.

No te vayas de mí,
Acércate mi mulata.
No te alejes de mi vera,
Baila bella dominicana.

Me tienen enamorado tus caderas,
¡Oh! *Danzas* con mi alma.
No te vayas de mí lado, acércate. ¡Ay! mi mulata.

No te alejes de mi vera, bella dominicana.

No recuerdo cuando eso fue, solo sé que, fue una noche
muy larga.
Hicimos el amor esculpidos en una playa.

La noche más oscura y bella, donde brillaba ¡ay mi
mulata!
La noche donde mi negra me ofreció bailar su danza.

No recuerdo cuando eso fue, solo sé que fue muy larga.

Lo que sí que recuerdo, es de enamorarme de aquella
diosa; doña Tomasa.
Por ello le dedico estos versos, por bailarme, bajo la luna
de plata,

Por eso le dedico estos versos, por enamorarme en la
costa dominicana.

*(Dedicado a los amores que me hicieron danzar bajo la luz de
la luna hasta que se detuvo la música en nuestros corazones)*

ELLA

Muero por ella...
Por la poetisa que acalla a este vulgar soñador.

Mi bendición,
Mí pronto auxilio,
Mi puntual resplandor.
La que me tiene loquito *perdio.*
La que prepara el nido de amor.

Ella, la prosa del poeta.
Tintero para el corazón.
La que espanta a las mariposas muertas.
La que con sus alas me levantó

Ella...

Poesía para mis letras.
Ella, mi luna lunera.
Ella...

Mi diosa de Amor.

(Dedicado a ella, mi musa, mi luna, mi amiga y compañera)

CAMPO DE BATALLA

Me asfixio si te alejas
Me alienta tu presencia
Me ayudas en la guerra
Aunque me falten agallas.

Me levantas con hombría
Me refuerzas con tu lengua
Reposo mi cabeza
Eres quien vela mi guardia.

Me inspiras poesía
Como salmos que dan tregua
A este hijo que pelea
Con la palabra como espada.

Me pides valentía
Me ofreces fortaleza
Vuelvo al polvo de esta tierra
En nuestro campo de batalla.

BATALLA

La palabra es la espada con la que arraso.
Sacudo el polvo que me deja la arena en cada caso.
Vi hace tiempo el interior de mi vaso.

Recordé que a la cima se llega con cada paso.
Es un triunfo pasar por tanto fracaso.
Porque es Dios quien sostiene las alas de este Pegaso.

Hace ya algunos años que paso mi duelo, mas nadie asistió.
Abrí un cajón de fármacos que al azar seguidamente entraría por mi cuerpo, recorría mis venas y me susurraría la muerte diciéndome: "Ven conmigo".

Mi cuerpo sentía un cosquilleo por toda la espalda debilitando mis piernas hasta que al fin caí al suelo desmayado, sin conciencia ni tacto que indicara lo que sentía en aquel momento.

Alguien me zarandeaba para ver si reaccionaba, pero no sentía nada, ni mi alma se encontraba en aquel cuerpo al que llamaban por un nombre.

Hace ya algunos años que paso mi duelo, mas nadie asistió.
La morfina junto con el alcohol se disolvía y formaba a ser parte de mi sangre intoxicada.

El mundo del que quería escapar se oscurecía aún más hasta no ver ni sentir nada.
Eclipsando mi vida eclipsada, muerte me llamaba, mas muerte me olvidaba.

Muerte ganaba la partida en este juego de ajedrez donde cansado decidí tirar el tablero y darle la victoria a mi adversario; mis demonios.

Hace ya algunos años que paso mi duelo, mas nadie asistió.
Ella me engañaba, no quise herirla, pero si desaparecer yo.
Enfurecido golpee aquel lavabo dejando pedacitos de cerámica con el que corte mis venas.

Venas con sangre traicionada, sangre desilusionada,
sangre con sabor a desamor.

Hace ya algunos años que paso mi duelo, mas nadie
asistió.
Solo, en aquella celda, cansado de ser un soñador.
Hastiado de la soledad y del dolor.
Entre sabanas me ate el cuello pero muerte se rompió.

Hace ya algunos años que paso mi duelo, mas nadie
asistió.
Me sentí abandonado, mejor dicho engañado.
Y me lancé sobre aquel camión esperando acabar con mi
desolación; Mas muerte se frenó.

Hace ya algunos años que paso mi duelo, mas nadie
asistió.
Solo recuerdo que vino alguien, alguien como yo.
Recuerdo que me dijo: Hijo yo también fui sepultado,
apedreado, traicionado, rechazado con el mismo dolor.
Tengo un negocio entre manos. ¿Me quieres ayudar?
Yo sé que me odias porque no me he presentado nunca,
pero te ofrezco libertad.

Te vi con 10 años suplicar y llorar.
Siento haber llegado ahora ¿aceptas mi amistad?
Puedo sacarte del sepulcro, te contaré la verdad.

Fui quien frenó aquel camión enorme justo delante de ti.
Soy quien te hizo expulsar aquellas sustancias que
consumiste; quien detuvo tu mano cuando te cortabas
tus jóvenes brazos.

Soy quien te zarandeaba por dentro para que
reaccionaras.
Soy el que soy, y quiero empezar un nuevo proyecto
contigo, hijo.

Hace ya algunos años que paso mi duelo, mas nadie asistió.
Pues nadie supo nada, nadie muerto a mí me vio.
Más hoy esta carta la escribo con mi compañero y amigo;
Él y yo.
Para que conozcas las reglas de esta empresa, que fabrica ilusión y amor.
Una nueva vida y meta con una dirección.
Llenar todos esos vacíos con el único que puede hacerlo, tu amigo y eterno "DIOS".

Por tanto, profetiza, y diles: ``Así dice el Señor tu DIOS: `He aquí, abriré vuestros sepulcros y os haré subir de vuestros sepulcros, pueblo mío, y os llevaré a la tierra de Israel.

Ezequiel 37:12

CIERTO, HUI DE TI

Me acostumbre a huir de ti, porque tú me hacías mal.
Me acostumbre a la ausencia porque contigo estaba solo,
y no tenía nada.
Me acostumbre a reclamar fidelidad.
Me cansé de suplicar una sonrisa, me agoté de luchar
por una joven traidora y bandolera.
Una mosquita muerta con lágrimas de cocodrilo.
Y tú tan solo obsesionada por un beso; pidiendo
atención, cariño o qué sé yo.

Fui un mártir atado al árbol de tu querer donde solo
recibía azotes.
Lo más cercano y parecido al amor que obtuve fue una
llaga en el costado cerquita de mi pecho.
Traicionado y crucificado por ti en mi última cena.

El reloj remolineaba y el tiempo se acababa.
Sonaban campanas en la torre de mi paciencia.
Clemencia, eso suplicaba por un querer sintético. Un
querer de tu locura y amargura.
Una tortura llena de promesas con monedas de plata
bajo la cama y clavos sobre la mesa.

¿Y qué decir de tus labios obesos? Sobrealimentados por
excesos de besos,
Y mientras tanto un corazón anoréxico que mengua
paulatinamente como tu corte de pelo.

Tú, y tu estúpida obsesión enfermiza de poseer algo o
alguien.
Pude refugiarme en bares, en la botella que otras veces
me prometía un romance superfluo. Así como tú.
Pero no quería más amores dañinos, de placeres
temporales. Para eso ya estabas tú, y hui de ti...

Pude ahogarme en la depresión rascando la llaga de tus
azotes en mi espalda como un masoquista.
Pude haberme ido con varias mujeres que reclamaron mi
sonrisa, mi simpatía y estos ojos marrones que toman el
color de la miel cuando el optimismo de los rayos del sol
le traspasan, o alguien los mira con entusiasmo.
Pero no, no lo hice.

No me conformé con las migajas del suelo como un perro
hambriento, aunque es cierto que necesite mucho amor;
como cuando estaba contigo.

Hui, es cierto que hui.
Y corrí lejos de ti. Pero valió la pena escapar de una
relación amistosamente estúpida y toxica, como la de un
condenado y su verdugo.
Cierto que me escape de esa cadena oxidada, que en
cuestión de tiempo se rompería y me dejaría lleno de tu
veneno.
Gracias a Dios me liberé huyendo de ti, para no volver.

Ahí te quedaste con tus cadenas, tus tijeras, tus hachas
y puñales.
Ahí te quedas con una soga a estrenar con otro, para que
no la uses conmigo.
Ahí te quedas con esa guillotina a la que le sacaste brillo.
Señora de la muerte y guadaña; amor de doble filo.

Incomoda enredadera; que drenas y atas,
Tú, raíz de mala hierba, que pudre y mata.
Violencia fémina, en silencio maltratas.
tu amor era falso; tú ya no me engañas.
El terror se marcó en mis pieles
y tus huellas te delatan.

No te deseo mal, ni deseo que le hagas daño a otro pobre
hombre.
No deseo mal a nadie, pero yo tengo que huir así como lo
hice cuando me quisiste ningunear.

Espero que encuentres el amor en lo profundo de tu ser,
Que hagas jaque mate a otro, en tu tablero de ajedrez.
Una retirada a tiempo... ya sabemos todos; por eso gané.
Lo siento reina, pero este peón no perdió, por que huyó.
O mejor dicho, ya se fue.

Me acostumbre a huir de ti...

Fue poco a poco, pero al fin lo logré.

<u>*LA HABITACIÓN 023*</u>

Ansiosamente enciende el último cigarrillo con mano temblorosa.

Vuelca la botella de anís al tropezarse con una diminuta y baja mesa para apoyar los pies con el nerviosismo que invade su cuerpo.

Mira cada segundo al exterior de aquella ventana empañada por el vaho de su sudor.

Vuelve a mirar una vez tras otra.

Se muestra desesperado y su cigarrillo con apenas dos caladas queda casi consumido.

La botella de anís queda completamente vacía empapando la alfombra gruesa y enorme que cubre el parqué de aquel suelo, en aquel estudio. En la habitación 023.

Inquieto parece que espera una llamada.

Mira al teléfono una vez. Luego otra vez.

Vuelve a mirar por la ventana.

Apenas se aprecia un ramaje seco y oscuro por la ventana.

Como las garras de un diablo queriendo prenderle acecha ese árbol por la ventana con esa curiosa forma monstruosa.

El fuerte viento mueve las ramas zarandeándolas como si con gestos quisiera decirle: "ven acá".

Se quema el labio superior de la boca y quema el poco bigote que tiene nuestro amigo hospedado en la habitación 023.

El cigarrillo...

Nunca seria eterno...

Vuelve a acercarse al teléfono que está encima de un escritorio color caoba.

Al acercarse pisa la gruesa alfombra roja la cual escurre
del pisotón parte del anís que la alfombra había
absorbido, tornándose de color rojo a un tono burdeos
oscurecido...

De repente mira al teléfono ¿Una llamada?
No; tan solo era su imaginación.

Comienza a imaginar ruidos extraños. Piensa que debe
estar perdiendo el juicio.
Preocupado se echa las manos sobre la cabeza y se
sienta en una silla frente al escritorio.
Abrumado piensa en echarse un trago. Tal vez eso le
ayude a olvidar y descanse un poco su frustrada mente.
Más algo parece llamarle la atención nuevamente.
Mira minuciosamente aquella pequeña mesilla donde
estaba la botella de anís y se percata que con el
nerviosismo y la agitación con un golpe la había volcado
derramando el contenido por el suelo.

Apenas quedaban gotas...
"la alfombra se llevó la mayor parte". Piensa mientras
permanece angustiado, en la habitación 023.

Invadido de angustia vuelve a levantarse de un salto y
contempla paulatinamente los libros de la estantería que
rodeaban el interior de la habitación 023.
Todos le parecen iguales excepto uno. Su visión se enfoca
en aquel libro, aunque sus ojos se pueden ver exhaustos
de un pánico que recorre todo su ser el miedo no lo
detiene.
Va a coger el libro. Inclina su brazo, toma el canto
superior del libro y lo inclina hacia él, pero entonces...

¡Ring!

- ¡El teléfono! -dice con una voz esperanzadora mientras
se gira y suelta aquel libro.

De la inclinación el libro cae al suelo y se abre por una
página cualquiera...
El acude rápidamente al teléfono, descolgándolo
mientras termina de volcar la pequeña mesa que tenía
junto al escritorio cayendo está junto a la botella de anís.

Tropieza y se golpea la espinilla con el pomo de un cajón
que sobresale del escritorio.
Pero nada parece dolerle más que su corazón.
El gesto de su cara empieza a calmarse y a tornar gesto
de tristeza y frialdad.

No es capaz de mediar ni una sola palabra...

Si; Ella lo dejo horas antes en la habitación 023.
Dijo que no aguantaba más sus vicios. Su olor a alcohol,
su perfume agrio entre sudor y tabaco.
Ella lo quería, más aún; ella lo amaba. Pero salió
corriendo de aquella iluminada, pero tenue habitación
023 hacia la oscura y peligrosa noche llorando.
Antes de su muerte las lágrimas y la lluvia bajaban de su
rostro deseando que su amado la amara más a ella que a
sus malos hábitos. Pero él se amaba más a sí mismo y
nunca la escuchó.

Amaba más su pena, su dolor y su vacío que la luz de
sus frías noches en las que él se calentaba con el fuego
del tabaco y el abuso del bourbon.

Ya era tarde para rectificar. Solo tendrá tiempo de
lamentar no haberla seguido por orgullo y testarudez.
Si tan solo se hubiese dignado a salir tras ella en el
momento que discutieron, ese carruaje no la hubiera
triturado haciendo desaparecer su vida entre la densa
niebla en aquella noche de invierno.

Él esperaba una llamada de regreso a casa con un
mensaje de ella diciéndole que se arreglarían las cosas o
tan solo diciendo que había llegado bien a casa.

Pero la noticia era de esperar pasada 3 horas sin tener noticia alguna de ella aun viviendo a un par de manzanas donde se hospedaba en la habitación 023.
Él entre cigarrillos y copas de alcohol esperaba la llamada de su amada. Pero no volverá a oír su voz. Ni tan solo un hasta luego, o el sonido de las bisagras chirriando al cerrar la puerta de la 023.
Mucho menos sentiría sus besos, ni tampoco sus abrazos ni sus susurros de "te amo".

Deberá olvidar la presión y fuerza que aplicaba cada vez que le abrazaba y aún más el perfume de su pelo.
Deberá olvidar la señal de su mejilla, la pronunciación de sus senos cuando la tomaba entre finas sabanas.
Deberá olvidar el sabor de su cuello cuando investigaba el secreto de su piel tan placentera.
Pero sobre todo deberá olvidar su sonrisa.
Pues fueron tantos momentos en los que su sonrisa le dio motivos para vivir...

Pero él amaba su propia tristeza, su propio vacío le vaciaba más.
Pero eso amaba él. La autocompasiones fruto de sus noches en vela escribiendo y sonriendo al diablo en eternas conversaciones de dolor y muerte emocional.
Sus desvaríos, sus escenas en solitario donde brindaba consigo mismo siendo el protagonista ególatra y a la vez autocompasivo recordando fracasos ,lo que pudo haber sido y viejos amores que vivían en su corazón aun herido.

Empieza a recordar su sonrisa cuando viajaron juntos a un pueblo de la costa del sol. Mientras extiende su mano en aquel cajón con el que se golpeó la espinilla.
Empieza a recordar su sonrisa cuando se regalaron aquellas alianzas de plata y se prometieron amor por siempre mientas paseaban una navidad por Algeciras.
Aprieta el mango pronunciado del cajón y comienza a abrirlo...

Su mente se pone a recordar su sonrisa en un verano donde ella lo llamaba felizmente para jugar juntos en el agua en una playa allá en el mar Mediterráneo de noche, sin más luz que la luna...sin más luz que su sonrisa.

Saca del cajón un revolver viejo, parece de colección por su antigüedad y aspecto de poco uso. Lo inclina poniéndolo entre medio de sus ojos.
Su mente...piensa en ella mientras sus lágrimas no dejan de caer sobre sus manos las cuales sostienen el arma.
No quiere recordar, quiere olvidar su sonrisa, sus abrazos, sus besos, su aroma. Quiere olvidar...
Perdió su luna, perdió la alianza, perdió aquel viaje, perdió su esperanza; Y él también se perdió...

Los muebles color caoba lo observan guardando en silencio el secreto de aquel loco.
Ya solo queda un charco de sangre que pronto será absorbido por esa gruesa alfombra y la duda de lo que había escrito en aquel libro que se abrió por la página 023.

*(Dedicado a todos aquellos que se obsesionan y se encierran en la habitación
023 de su mente).*

DIGANLE AL MAR

Díganle al mar que tengo retenida a las olas.
Díganle que mi libertad es más que un mar azulado
donde se pierde la vista y se fusiona con el cielo.

El amor que me daño no me venció.
Díganselo.
Díganle que mi bolígrafo no se secó.
Ni mi actitud, ni la virtud.
Díganle que aunque tuve miedo navegue en las aguas de
la valentía por el pacifico de mi guerra emocional.

Díganle que de que vale tener tantas joyas en sus
profundidades y arrecifes de corales si no tienen el tesoro
que perdieron y aun no lo hallaron.
Díganle que la aventura y el acabar naufrago por un
barco de traición que se hundió no fue suficiente para
encharcar estos pulmones que aun respiran y gritan la
palabra del cielo.
Díganle al mar que fracasó y pude sobrevivir en aquella
isla desierta a base de algo que no es pan pero también
alimenta.
Díganle al mar que la armonía de sus olas y la brisa con
la que se peina en la superficie es lo que me hace
reconciliarme con sus aguas y peligros.
Díganle que no olvidé aquel oleaje que me empujaba
contra mi voluntad y mucho menos como mis brazos y
todo mi cuerpo se agotaba física y mentalmente nadando
contra corriente.

Díganle que no olvidare nunca cuando mis pies se engancharon con la cuerda de anclaje y tuve que liberarme de las cuerdas que me ataban y ahogaban en la oscura y silenciosa profundidad del mar por mis imprudencias.
Díganle que soy del azul su reflejo desde aquel momento en el que casi me ahogó.
Díganle al mar que soy el espejo donde muere la espiral de lamento y nace la creciente línea de talento, que diferencia mi actualidad ser con el que un día fui.
Díganle que amo el azul del cielo porque me recuerda a su violento mar y armoniosa paz según los tiempos.

Díganle al mar que oxidó cada amuleto que llevaba en el viaje.
Díganle que fueron muchos los intentos por sobrevivir de ese oleaje.

Dígansenlo al mar y no se callen.
Dígansenlo al mar, por favor.
O se lo diré yo cuando vuelva a envolverme entre sus bruscas olas salvajes.
No retengan palabra alguna y escriban en textos sus aventuras en el mar.
No retengan lo que aprendieron entre espuma y sal.
No lo retengan, no. Y díganle gracias; pues me dio la vida en esta aventura marinera de titanes y leyendas, donde sobreviví creciendo desafiando al mar.
Díganle al mar que se abra y él se abrirá.
Dígansenlo...
 Díganle al mar.

(Dedicado a todos aquellos que buscan el modo de cruzar los mares de lo imposible y salen adelante abriéndose camino pese a sus dificultades)

EL TIEMPO QUE NO QUISIMOS

Hace algún tiempo decidí no ir tras el amor.

Decidí entre heridas y lamentos no mendigar nunca más ningún tipo de amor. Pues me parecía lamentable y vergonzoso arrastrarme tras una migaja de pan suelta en el camino de la vida.

Hace algún tiempo mi corazón quedo vacío y desocupado, quedando tan solo sueños convertidos en desilusión y pedazos de recuerdos esparcidos por el suelo de mi memoria melancólica y afligida.

Sí, mi corazón sentía una ausencia, tal vez incluso lo relacione como traición, pues aquellas promesas que oyes cuando dicen que te aman se convirtieron en mentiras sin más. Y aquellos abrazos, besos en parte de la seducción mental que ahora solo eran punzadas de espinas.

Hace algún tiempo, tomé esa decisión.
Dejar de ser mendigo del amor pues no entraba en mi cabeza el hecho perseguir a nadie, pues me sentía un payaso.

Herido por los golpes emocionales que dejaron las anteriores parejas que tuve pensaba que para que alguien se fijase en mí y me acepte al 100% pasaran años.
Además de esa estupidez por el complejo que quisieron crearme mediante la dependencia y alguna maldición verbal también llegue a pensar que si alguien se fijaba en mi seria alguien que no encajaría conmigo.
También que si daba la casualidad que encontraba a alguien y esa persona y yo nos gustábamos algún día al tiempo me desecharía, traicionaría y abandonaría como hicieron las otras en sus desvaríos emocionales de hoy si mañana no.

Es increíble como duele y marcan las traiciones en el amor cuando te pilla de sorpresa...
Te dejan hueco y gran sentimiento de vacío. Buscas consuelo pero nadie tiene ese pan que tanto sacia al hambriento, excepto Dios.

Hace algún tiempo ahí estaba yo. Recibiendo consejos con el coraje y resentimiento de verme nuevamente en el inicio de la construcción del ese castillo de naipes de amor.
Un castillo que con esfuerzo se levantó y con un simple viento suave se desvaneció por completo en cuestión de breves periodos de tiempo.

Recuerdo que alguna persona tratando en su buena fe ser muleta por un tiempo.
Las muletas no sanan...pero se agradece su ayuda durante el tiempo de dolor.
También algunos consejos...
Entre aquellos consejos que me dieron uno de ellos fue el de buscar amistades, alguna amiga pero esa idea me frustraba y no lo concebía; aunque confieso que lo intente intentando de volver a cero. Como queriendo burlar al tiempo.
De hecho logré algunas amistades que aún conservo y otras que eran tan inestables como mi convencimiento en aquel momento de encontrar el amor buscando amiga.
Me metí en redes sociales, agregue a varias chicas para conocerlas pero, vi que no eran especiales en nada.
Al menos antes mis expectativas, las cuales no pensaba bajar el nivel mínimo de ética y afinidad.
Me hablaban como a uno más, me decían de quedar como a tantos, incluso vi como quedaban con ellos y colgaban fotos, me presentaban a sus amigas mediante grupos de washap y hui.
Si, cierto que no tarde en salirme de ese grupo y darle coba a todas ya que no me sentía a gusto en grupos de solteros desesperados.

Me sentí un payaso en un casting de a ver cuál más
ridículo, y no niego que no me salieron candidatas para
comprar mi función.
Pero yo era incapaz de firmar cualquier compromiso,
igual que jamás valí para besar cualquier boca ni llamar
amor a cualquiera que se me cruce o demuestre algo de
interés.
Me dejaron cicatrices, me hirieron la autoestima, pero
tampoco tanto como para ser el payaso de cualquier
administrador de circo.
Me sentí como payaso de función barata que sueña con
un óscar y sin embargo interpreta papeles de
aficionados, así que me largue en el segundo o tercer
intento.

Me canse; no tarde mucho en cansarme y dije *"no"*
lanzando mi nariz colorada y sombrero de bufón.
No más mendigar amor. No más intento con cualquiera
sabiendo que para encajar con alguna no puedo ser yo.
No me va eso de no ser yo mismo, cosa que me dificulta
las relaciones y eso que el tema de la interpretación es
algo vocacional en mi vida. Pero en temas del amor y
amistades soy muy exquisito, ya que la pareja y amigos
son elecciones; no como la familia.
Rápidamente me daba cuenta que esas amistades mejor
dejarlas como amistades y no perseguir nada mas de
ellas, excepto poder ayudarles si algún día me pedían
consejo; cosa que se dio el caso. Y así fue.
Las traté como hermanas y me aparté de ese corto
intento de pescar el amor entre los pedregales donde solo
hay morralla.
Soy consciente de que el amor no tocaría a mi puerta
rápidamente, que debía haber una amistad y una
relación, pero rápidamente me canse y dije:

*"No, no iré tras el amor, ya vendrá él a mi o surgirá solo
cuando menos lo espere.*

Debo centrarme en Dios, pues él es Amor que necesito para sanar las heridas de mis anteriores relaciones, traiciones y promesas".

Así fue como el amor toco a mi puerta.
Vi una foto de una hermosa chica, aunque lo que más me atrajo fueron sus ojos.
Unos ojos de los que emanaban una pureza extraña de explicar.
En el interior de esos ojos había algo limpio que trasmitía.
Miento, no fueron sus ojos, fue su mirada.

Me inspiro confianza; confianza y me prometí que no buscaría nada, solo amistad y solo hablarle con discreción a ver si aceptaba.
Me puse esa condición y seguí mi vida buscando de Dios y nadie más.

Ese mismo día ella acepto mi solicitud de amistad por la plataforma social "Instagram". Nos saludamos, hablamos poco al principio, nos presentamos y poco a poco al tiempo cada vez hablábamos más.

Ella se conectaba en diferente horario, pues era de otro continente.
Ella escribía o le escribía yo; daba igual. La cosa era lo bien que nos sentíamos con el respeto, educación que nos tratábamos.
Nos respondíamos cuando podíamos ya que teníamos poca ocasión de coincidir.
Al tiempo su horario se convirtió en mi horario. Le gustaban las fotos y poesías que yo escribía al cielo y a este mundo mío tan difuso entre metáforas y letras.
Sentía que tenía una amiga que le agradaba ese yo roto y rechazado.
Pero ella prefería restaurar con sus dones de sanidad a este muñeco roto con el que un día jugaron con violencia.

Poco después me atreví a contarle porque estaba dolido.
Ella seco mis lágrimas, me hablo de su pasado y tomo mi
mano dentro de una amistad la cual aún conservamos.
Y eso me hizo sentir gigante.
Sentí que Dios estaba conmigo y quería decirme algo.
A ese "algo" yo le decía que no sabía que era.
Decía "siento un no sé qué" y ese "que" era amor.
Amor de Dios en tiempo de angustia, tiempo de clamor y
tiempo de decisiones; actitud.
Me propuse no buscar pareja ni mendigar amor.
Pero el amor me persiguió. Así ama Dios.
La voz de Dios me dijo que era tiempo de espacio y
tiempo con Él.
Y así preferí quedarme antes de conformarme con las
migajas de cualquier abrazo o beso.
Ni los besos ni las caricias son sinónimo de amor.
Es la persona, su actitud, sus decisiones las que dicen
que es sinónimo amor no esos gestos que puede hacer
cualquier hipócrita.

Jesús fue traicionado y vendido con un beso.
Más quienes los siguieron siempre lo rechazaron poco
antes.
A veces el amor es así.
En mi caso no sentí rechazo de esta persona, pero lo que
es cierto es que ninguno de los dos buscábamos, solo
esperábamos.
Los hijos de Dios comen en la mesa del padre, no sobras
en el suelo que no alimentan, ni desperdicios o pan
robado.

Creí fuertemente que debía esperar y sembrar bondad,
amistad y no hacer las cosas con doble intención.
Debía esperar en Dios; estar preparado para que Dios
pueda abrir los cielos en mi vida.
Y así fue como hace algún tiempo empezamos hacer
planes de negocio como posible compañero de trabajo ya
que nos pusimos a soñar juntos sobre metas en la vida.

Sin darnos cuentas queríamos estar juntos aunque no fuéramos pareja.
Eso es amor, tu que me lees.

Eso es amor…
La capacidad de ser feliz junto a alguien aunque no sea para ti, dejarla volar, dejarla crecer, dejarla sonreír, dejarla ser y admirarla.
Dice un viejo refrán que es más maravilloso ver las flores en su tallo que arrancarlas y apropiarse de ellas, pues pierde su esencia y se marchitan.

Día tras día, noche tras noche nos apoyábamos unos a otros sentimentalmente. Sostengo que el auténtico amor es ayudar a los demás y abrazarle con tiempo de calidad. Ella me escuchaba a mí y yo la atendía y escuchaba a ella.
Todo era perfecto cuando hablábamos, reíamos y a veces llorábamos contando que habíamos pasado por situaciones parecidas en el pasado. Pero lo mejor era que teníamos los mismos anhelos en la vida.
Ambos conectábamos y coincidíamos en todo o casi todo, cosa que hacía que esta relación de amistad supiese aún mejor que los amores del pasado que ahora solo eran espectros y sombras con eco en el recuerdo.
En una de estas charlas nocturnas donde enlazábamos la noche con la madrugada, ella me preguntó: *¿Te das cuenta que estamos haciendo planes y no nos conocemos?* Eso me dio corte y añadí con timidez.- *"es cierto…tienes razón"*.
Dije quedándome avergonzado y cambiando la conversación a otro asunto ya que parecía que algo estaba naciendo dentro de ambos sin darnos cuenta; y eso me preocupaba.
Ella deseaba que le dijese lo que estás pensando pero no se lo dije pues pensaba que cometería un error si intentaba llegar a algo más que amistad.

Al tiempo compartí una foto de un pintor que ignoraba a
la musa que posaba para él; la cual en su lugar él estaba
retratando a otra pintora que aparecía en el mismo
cuadro.

Eso nos hizo conversar una noche la cual jamás olvidare,
pues quise eludir lo que sentía ya que no quería
equivocarme o que mi corazón me traicionara con esa
necesidad de amar y sentirnos amados que todos
tenemos.

Ella me preguntaba, que era lo que percibía yo con esa
imagen.

Le di mi opinión respecto a lo que esa imagen significaba
para mí.

Le explicaba que a veces miramos a un lugar buscando
un prototipo o alguien pero realmente la persona más
discreta o que menos esperas es aquella a la que quieres
para que toda la vida sea tu musa.

Ella, la que pintaba como yo aquellos sueños; mas su
sueño era él y mi sueño era ella.

Pronto nos dimos cuenta que si yo tuviera un lienzo
entre mis manos la dibujaría a ella sin dudarlo y ella me
dibujaría a mí.

Tal vez incluso se viera ese cruce de miradas, tal vez no
(pero me gusta imaginarlo) lo seguro es que aquella musa
que posaba para los pintores solo estaría en los lienzos
de los necios.

Aquellos que se conforman con la primera chica o chico
que le piden salir para mí son necios.

Como aquellos que se conforman con las migajas de
cualquier compañía para saciar el sentimiento de
soledad.

Los que se venden a cualquier postor sin darse cuenta
que no tienen nada en común con ellos/as.

Ni sueños, ni nada que los una realmente.

A eso le llamo yugo desigual. Personas que corren y
corren pero no saben a dónde van.

Sin ánimo de ofender ni juzgar, mas hablando con el corazón y la mala experiencia de haberme visto envuelto en ese sistema de frustración os digo que es doloroso verse así.

Yo entendí aquel día que debía confiar en Dios ya que ambos poníamos en sus manos todo nuestro corazón y vida.

Se notaba como ella me pedía indirectamente que se le dijera que me gustaba. De hecho se dio cuenta. Ambos nos dábamos cuenta, pero evitábamos.

Yo no quería precipitarme, y más aun con la distancia entre continentes que nos separaban; y ese océano inmenso entre ella y yo; pero al fin me decidí y se lo dije.

"Sin duda si yo fuera ese pintor dibujaría a mi mejor amiga, mi confidente, mi musa.

Te dibujaría a ti .Así como te dibujo en sueños cuando duermo.

Así como te dibujo en versos cuando escribo poesías.

Así como te dibujo en mis deseos y oraciones a Dios.

Así te dibujaría y tallaría tu nombre en mi corazón casi de piedra.

Pero como es de barro y Dios me ha ayudado a moldearlo con el agua de mis lágrimas y la tierra de tu cariño me arriesgo a ser moldeado junto a ti.

Te amo y quiero que me acompañes todos los días con tu amistad.

Eres la musa de mi pintura, mi corazón es ese lienzo donde solo habitas tú".

Así surgió el amor.

Así declare en mí ser que la amaba y reconocí que Dios puede hacerlo de la manera más especial.

Así confié en Él y fue por la decisión de no mendigar amor he irme tras la primera.

Fue esa decisión de estar con Dios antes que idolatrar cualquier figura con curvas.

Fue Dios con su mágica excelencia a la hora de obrar y dedicarte un lienzo tan especial como los paisajes de su mano.

Así sucedió todo en este nuevo amor que sin duda está escrito con su caligrafía y nos dedica cada día más tiempo para hacernos crecer y ayudarnos en nuestra relación a distancia.

Nunca mendigues algo que debe llegar a su tiempo.
No pidas sol en verano, ni pidas lluvia en invierno.
Más bien disfruta cada etapa y estación a su tiempo; no busques, espera.
Todo a su tiempo en la vida llega para para nutrirte, darte crecimiento o recoger fruto en ti según avances y sueltes.
No corras de prisa, pues la prisa es enemiga de la perfección; y que el amor te atrape sin esperarlo.

Que el amor toque a tu puerta y seas el retrato de las oraciones de alguien que ora por ti.

Déjate amar pero sobre todo, aprende a amar soltando y conociendo mientras que auténtico significado de ser libre te saca una sonrisa.

(Agradezco este auto-relato a Dios por su amor incondicional y permitirme amar a la vez que aprendo a amarme y por supuesto a mi lienzo donde esta ella, el amor de mi vida)

Curiosamente algo en mi interior me empuja a la necesidad de desconectar de los demonios diurnos que tratan de acorralarme durante el resto de horas.

Las 23:02 es esa hora mágica donde la alquimia de las infusiones crea un aroma diferente pero similar cada noche.

Las 23:02 tiene algo mágico donde el reloj interno avisa a este poetizo y seguidamente acude a la alacena en busca de mixturas aromáticas.

Me detengo, pienso y observo que aroma y sabor deseo esa noche.

También me planteo si deseo tomar algo más relajante o más digestivo.

Mientras hierve el agua una alegría de liberación recorre mi cuerpo.

Todos duermen. Solo se oye mis pasos al arrastrar los pies y algún que otro descuido al cerrar las puertas de la alacena donde almaceno la variedad de infusiones.

El humo de ese te hirviendo crea figuras que imagina mi mente.

Una mente indomable con ganas de evadirse y romper la barrera de lo real y rutinario.

Una mente que desea que suelten su yugo y le dé el permiso de morder a todo lo que durante el día me ha atormentado.

Como lobo domesticado vive dócil pero mantiene un instinto nada dócil que se desenfrena al sonar la campana interna de las 23:02

Puntual, tan puntual que aún me sigo sorprendiendo de dicha curiosidad.

Mi habitación toma el aroma de la infusión y seguidamente busco mis gafas para empezar a leer o escribir.

No hay una noche que mis gafas no se empañen del vaho que desprende el calor del interior de la taza.

Sonrío, seguidamente doy el trago el cual entra como panacea a todo mis males.

Supongo que se ha creado en mí un efecto placebo de tanto repetir ese acto nocturno, pues siento que todos mis males se escapan.

Siento como Dios traza un círculo alrededor de esa habitación como si de un cuento de hadas se tratase y no dejase que me prendan los orcos o criaturas monstruosas que durante el día atacan mi mente con desánimos, frustraciones y decepciones mediante otras personas.

Tal vez el tiempo me desgaste; tal vez me esté volviendo anti social.

Tal vez la condena del ser humano sea perder la ilusión por las personas que te dañaron. No lo sé, lo que sé es que las 23:02 me repone y sana todas las heridas dándome descanso una noche más.

Las 23:02 es el tiempo donde me toca perdonarme cada error propio y sanar toda aflicción causada por terceros.

Ha decir verdad, a las 23:02 no pienso en nada más que en escribir y pasearme por la Luna.

Las 23:02 es el momento donde no me importa lo demás. Que se me hirieron...que si hice aquello mal...

Qué más da, son las 23:02 y toca volar.

El aroma de la infusión disminuye al mismo tiempo que disminuye su calor, pues una fresca brisa con olor a humedad enfría y congela el tiempo.

Si toca trasnochar iré a calentarme otra infusión, mas ahora toca invocar a Dios.

Un Dios que veo reflejado en las letras que escribo. Un Dios corrector, que se sienta conmigo en el cabecero de mi cama mientras escribo y vuelco mi corazón entre líneas.

Pues sí, las 23:02 es la hora en la que descanso con Él mis cargas y aflicciones.

Me coloco música para admirar la melodía y las letras de algunas canciones, mas debo silenciarla para oír su voz y la mía.

Solamente una sinfonía suena en ese cara a cara con Él.

Mi inspiración y talento a veces frustrado despedazan mi propio animo mediante letras ,más el entra en la cueva de mis tormentos diciéndome con la brisa de su amor...No temas ,no digas eso de ti, no digas eso de los demás, no me tengas en poco y confía.

Escribo mis desamores en la cartulina de mi piel desollada en forma de poesía oscura.

Otras veces escribo a mi patria y tierra sobre un no sé qué de una bandera... hermosa nostalgia...

Mas mil y una veces no escribo nada.

Son las 23:02 y no tengo nada que decir, solo escucharlo a Él.

Sin duda mi tiempo y espacio es un eterno agujero negro donde me pierdo para encontrarme.

El aroma que sale de esa taza huele a libertad, respuestas y sobre todo...me trae a la mente que estoy a punto de vivir otra aventura.

Una conversación con la Luna, una carrera por los hermosos prados de la *Arcadia* que me he creado día y noche soñando. Más solo a las 23:02 se abre esa veda donde puedo vivirlo.

Todo empezó cuando era pequeño.

Soñador navegante de deseos inmateriales.

Niño trovador de puño y letra que deseaba que la realidad que vivía fuera otra.

No por tener una mala infancia, al contrario. Mis padres fueron los mejores, nunca me falto cariño como tampoco falto nada en casa gracias a ellos.

Pero aun así soñaba con poder distorsionar la realidad que me presentaba esta sociedad cansada y acomplejada.

Tal vez me identificaba con la historia de Peter Pan y me sentía un niño perdido.

Perdido en un mundo donde faltaba algo, faltaba que te dejaran volar, mezclar tus propias historias y faltaba libertad.

 Una libertad que solo a las 23:02 logro alcanzar.

Tal vez las 23:02 sean las coordenadas para llegar a esa estrella a la derecha.

No lo sé, solo puedo confirmar que a esa hora escucho la bisagra de la alacena moverse y un curioso personaje diminuto con largo bigote grisáceo y enormes gafas redondas, viene arrastrando sus enormes pies tirando de una taza descascarillada que coloca en mi escritorio y me da los buenos días.

Pues sí, las 23:02 es la hora donde empieza el día donde despierto realmente.

Durante tantas horas soñando con la vida laboral, económica, social y un largo repertorio de cosas negativas empiezo a despertar gracias a mi amigo el duende Tiburcio.

Tiburcio tiene aspecto de anciano, pues a acompañado a muchos escritores que aman su tiempo de soledad.

En cambio al pequeño Tiburcio no le gusta estar nada solo. Por eso se pega durmiendo todas las horas hasta que dan las 23:02.

El pequeño Tiburcio se sienta en mi escritorio calentándose con la taza de té mirando a la pantalla de mi computadora.

Mientras yo escribo el me sugiere ideas, me habla de una rey llamado *"Helisonte"* y un castillo en el reino de Laconia.

También me pregunta he insiste en que escriba su biografía otras veces calla y me deja hablar con la Luna, mi gran musa, mi amiga y consejera.

La voz de Dios.

Cuando Tiburcio se descalza su fuerte olor a pies me hace detener la escritura y aprovecho para mirar la hora y me insiste y me dice, continua pues estamos muy bien; así que me trae otra taza de infusiones para tenerme conforme.

Lo mando a calzarse y me distraigo de nuevo, pero esta vez mirando la noche por esa ventana que tenemos junto enfrente.

La lluvia...bendita lluvia que hace detenerse el tiempo y convierte el día en noche.

La lluvia y los remedios que proporciona ese olor fresco de la tierra y hierba mojada son medicina para mis sentidos.

Tiburcio y yo pasamos las noches en vela. Incluso nos molesta que nos distraigan y nos separen estas tecnologías y notificaciones digitales mediante el teléfono.

Tiburcio y yo somos grandes amigos; a veces nos entristecemos al pensar que algún día estaré demasiado ocupado a las 23:02 y no podamos pasar ese tiempo de espacio y tiempo.

La compañía del pequeño y arrugado duendecillo Tiburcio es la única que no me molesta al llegar esa hora, pues sé que mi amigo enano es muy grandioso.

Es tan grande que Él es culpable de casi todas las historias que contamos.

Tal vez Él no sea real, pero lo que sí es real es que a las 23:02 la magia de Dios entra de la mejor forma a mi vida y en el tiempo de otros muchos.

Pues la creatividad en el espacio que logro tener es recibida de parte de ese Dios, que me creo a mí, creó la posibilidad de poder tomarme esa infusión, creo el espacio y tiempo para poder hablar conmigo y poder crear a Tiburcio en mi imaginación en forma de mil y una manera de describir la inspiración y la magia del cielo en metáforas.

A Él le debo este y muchos otros relatos, pues sean más oscuros o no, Él ha tratado conmigo esta forma de llorar y reír.

Él me ha dado la capacidad y el arma para combatir al tiempo y seguir siendo un niño que sigue sonriendo durante el afán del día y llora con alegría y pena en cada una de las prosas que lees.

Tiburcio duerme cuando yo duermo. Tiburcio despierta cuando son las 23:02 y yo despierto.

Claro está que es una hora simbólica donde tengo más tiempo para dedicar mi relación y conversación reflexiva con Dios.

La ultima campanada que cierra el desgaste y el ciclo de
lo políticamente correcto. Y la primera campanada para
despertar a todo aquello que me hace libre.
Una cuerda de violín suena sola en mi mente.

En principio el ex trepidante sonido que emite da
escalofríos con una desafinación que anestesia mis
tímpanos.

Cuando dan las 23:02 llega el maestro de ceremonia y
hace una gran composición con esa cuerda solitaria y
desafinada.
Pues con una sola cuerda ajustándola bien y tocando en
los lugares exactos también se puede hacer música.
Dios, mi creador, mi Luna, mi músico, mi compositor y
sobre todo...mi amigo preferido, mi mejor amigo.
A ti te debo toda mi gratitud por estar siempre conmigo,
escribir en mis libros, y aunque el reloj aun no fije las
23:02 tú diriges las coordenadas para llegar a mi
corazón.
23:02 tiempo de relación.
Sin religión. Solo tiempo íntimo... 23:02 Coordenadas al
corazón.

FIN

Contemplando la Luna puedo decir lo increíble y hermosa que son sus miradas fantasiosas, su sonrisa, su forma de recogerse su largo cabello negro de eterna oscuridad.

Su piel blanca, sus argumentos, sus gestos...
Todo en ella es digno de contemplar.
A veces olvidamos y nos preguntamos qué será aquello que la Luna a la que nos aferramos en nuestras oscuridades puede ver en nosotros.

Si lo supiéramos nos sorprendería.

<u>*AGRADECIMIENTOS*</u>

*Agradecer a todos los que han hecho posible la
publicación de este libro; como también a todos aquellos
que me animaron y vieron en mi algo especial desde mi
niñez. Ellos realmente son especiales y las mejores
personas de este universo que me rodea.
Gracias a Isis Angélica y Yamilet por su importante
motivación en mis sueños.
Gracias a Juan Emilio Ríos por su apoyo y confianza en
esta obra poética.*

*También quiero agradecer a Daniel Spyker, Itzel Pineda,
Guadalupe y Oscar Camas por su paciencia conmigo y la
ayuda recibida que me hace crecer y recibo de ellos.*

*A mi amigo Juan Antonio García y José Castillo Benítez
por sus consejos y sostenerme en la angustia de manera
incondicional.*

*A las personas que rompieron mi corazón he hicieron que
este loco se volviese aún más loco y fuerte; pues gracias a
las piedras que me lanzaron pude hacer este castillo.
Y sobre todo agradezco a Dios por cada tiempo de
intimidad y reflexión con Él; por amar mi poesía en
penumbras he iluminarlas con su palabra y consuelo.*

*El autor
Manuel Ponce Barrones.*

-Este libro ha sido editado por Bóveda y letras ediciones.

 @bovedayletras

bovedayletrasediciones@hotmail.com

www.ingramcontent.com/pod-product-compliance
Lightning Source LLC
Chambersburg PA
CBHW070709250726
48662CB00001B/324